JOE

BIDEN

JOE
BIDEN

JOE BIDEN

Su VIDA, su CARRERA, y LOS TEMAS RELEVANTES

EVAN OSNOS

Título original: *Joe Biden*

© 2020, Evan Osnos

Traducción: Ariadna Molinari Tato y José Carlos Ramos Murguía

Diseño original de portada: David Litman
Adaptación: Planeta Arte & Diseño
Fotografía de portada: © AP/Shutterstock
Fotografía del autor: © Pete Marovich

Derechos reservados

© 2020, Editorial Planeta Mexicana, S.A. de C.V.
Bajo el sello editorial PLANETA M.R.
Avenida Presidente Masarik núm. 111,
Piso 2, Polanco V Sección, Miguel Hidalgo
C.P. 11560, Ciudad de México
www.planetadelibros.com.mx

Primera edición en formato epub: noviembre de 2020
ISBN: 978-607-07-7353-2

Primera edición impresa en México: noviembre de 2020
ISBN: 978-607-07-7356-3

Partes de este libro aparecieron originalmente, en diferentes formas, en *The New Yorker*, como partes de: "China to Biden: Can I Call You Joe?," 16 de agosto de 2011; "Biden en Beijing", 18 de agosto de 2011; "The Biden Agenda", 28 de julio de 2014; "Off Prompter", 9 de octubre de 2014; "'We Bidens', An American Family", 1 de junio de 2015; "Joe Biden's Respect Calculation", 4 de agosto de 2015; "Biden, Alone in a Crowd," 11 de septiembre de 2015; "Why Biden Didn't Run", 21 de octubre de 2015; "Will Joe Biden's History Lift Him Up or Weigh Him Down?," 26 de abril de 2019; "Man in the Middle", 24 de agosto de 2020.

Impreso en los talleres de Impregráfica Digital, S.A. de C.V.
Av. Coyoacán 100-D, Valle Norte, Benito Juárez
Ciudad De Mexico, C.P. 03103
Impreso y hecho en México / *Printed in Mexico*

Para mi madre, Susan, quien me enseñó a leer;
y para mi padre, Peter, quien me enseñó a escribir.

Las personas pagan por lo que hacen, pero aún más por lo que ellas mismas se han permitido llegar a ser. Y lo pagan de forma muy sencilla: con la vida que llevan.

—JAMES BALDWIN, *No Name in the Streets*

*Pero yo estoy atado a una rueda de fuego,
y mis propias lágrimas me escaldan como plomo derretido.*

—WILLIAM SHAKESPEARE, *El rey Lear*

Índice

Prólogo

UN HOMBRE de 45 años —blanco, padre de tres hijos— despertó en el piso de su habitación de hotel. Llevaba cinco horas inconsciente. Apenas si podía mover las piernas. No sabía cómo había *llegado* ahí. Solo recordaba una ráfaga de agonía; había dado un discurso en Rochester, Nueva York, y volvió a su habitación, donde de pronto sintió como si un machete le partiera el cráneo. Llevaba meses ignorando un inusual dolor de cabeza y cuello, sepultándolo en Tylenol y achacándoselo al absurdo rigor de conjugar una carrera presidencial con presidir el Comité Judicial del Senado de Estados Unidos. La campaña terminó de forma vergonzosa —debió reconocer para sus adentros que había sido consecuencia de su propia arrogancia—, pero los dolores de cabeza continuaron.

El hombre logró subirse a la cama. Después de eso, su asistente lo puso en un avión rumbo a Delaware, donde los médicos le encontraron un aneurisma craneal; es decir, el abombamiento

13

de una arteria que irriga el cerebro. Sus posibilidades de su-
pervivencia eran tan pocas que hasta mandaron llamar a un
sacerdote que le diera la extremaunción aun antes de que la esposa del hombre llegara. Durante las siguientes horas atrave-
saron una tormenta de nieve para llevarlo hasta Washington,
D.C., donde el cirujano le advirtió que la operación podría
quitarle la capacidad de hablar. «Me habría encantado que eso
hubiera ocurrido el verano pasado», respondió el hombre.

Durante tres meses, entre cirugías y complicaciones adicionales, el hombre estuvo postrado en una cama de hospital. En un irónico giro del destino, parecía que el fracaso en
la campaña presidencial le había salvado la vida. Si hubiera
seguido viajando y recorriendo New Hampshire de un lado
a otro, e ignorando los síntomas, quizá ya no estaría allí. En
el punto más álgido de aquel calvario, uno de los doctores le
dijo que era «un hombre afortunado». Pasaron siete meses
antes de que pudiera ponerse de pie y volver al trabajo. Al
primer grupo de personas que vio le dijo que había recibido
«una segunda oportunidad en la vida».

Más de tres décadas después de que Joe Biden estuviera a
punto de morir con la mirada al cielo, ese episodio suele per-
derse entre los hitos oficiales de su biografía política. Sin embargo, ese instante refleja el patrón que ha definido su vida
entera: un viaje de giros improbables, algunos de una fortuna
espectacular y otros de una crueldad inconcebible. La ambición de Biden por ascender a los peldaños más elevados del
poder en Estados Unidos impulsó su carrera durante más de
cinco décadas. Poco después de cumplir veinte años, la madre

de su entonces novia (quien después sería su primera esposa, Neilia Hunter) le preguntó cuáles eran sus aspiraciones profesionales. «Ser presidente», contestó Biden, y luego añadió, «de Estados Unidos».

Su carrera política le permitió presenciar momentos cruciales en la historia moderna de Estados Unidos, incluyendo algunos de los conflictos que definieron a la nación en torno a la raza, el género, el crimen, la salud pública, el capitalismo y la guerra. Cometió errores, ofreció explicaciones y pagó el precio que ello conllevó. Una y otra vez desafió las predicciones de que su carrera se había acabado hasta que, para asombro suyo, terminó acompañando a Barack Obama en su histórica campaña hacia la Casa Blanca. En el discurso que dio durante la Convención Nacional Demócrata de 2008, declaró: «El fracaso en algún punto de la vida es inevitable, pero darse por vencido es imperdonable».

En la vicepresidencia —el trabajo más menospreciado en todo Washington—, Biden con frecuencia proyectaba la imagen de un hombre que no daba crédito de su buena suerte. Aquella vida llena de tribulaciones lo había hecho desprenderse de tanta solemnidad. Por ejemplo: durante una reunión privada, un ministro británico le preguntó cuál era el protocolo correcto para referirse el uno al otro. Biden miró a ambos lados con un gesto exagerado y contestó: «Parece que estamos solos. ¿Por qué no me llama señor Presidente, y yo le llamaré señor Primer Ministro?».

Para el año 2020 ya era un político veterano, marcado por tantos años y batallas que sus oponentes, e incluso algunos de

sus admiradores, cuestionaron la prudencia de que compitie-
ra en una elección más. Pero él desafió una vez más las expectativas y se erigió como el candidato del Partido Demócrata en
una contienda presidencial de implicaciones tan críticas para
el futuro de Estados Unidos que hacía que todos esos viejos
clichés sobre «la elección más importante de nuestras vidas»
parecieran un chiste. Estaba en un mano a mano frente a Donald Trump, en la pelea por un puesto que perdía cada vez más
su estatus de «líder del mundo libre».

Las circunstancias de una vida plena y un país en peligro
conspiraron para llevar a Joe Biden al ojo del huracán del
despertar estadounidense, lo que incitó un inmenso apetito,
tanto en la nación como en el extranjero, por entender de
qué estaba hecho, qué pensaba, qué cargaba consigo y cuáles
eran sus carencias. En el instante mismo en que su país se
encontraba tendido en toda su vulnerabilidad frente a los ojos
del mundo entero, Biden encontró su verdadero lugar en la
historia.

CAPÍTULO I

Annus Horribilis

LOS SUBURBIOS exuberantes y sofisticados de Wilmington, envueltos por los bosques del Valle de Brandywine, son populares por albergar a los herederos de la fortuna química de la familia Du Pont, cuyas propiedades y jardines están escondidos en lo que se conoce como el *Chateau Country* de Delaware. En lo que para esos estándares sería un terreno modesto, Joe Biden y su esposa, Jill, viven en una propiedad inclinada de poco más de hectárea y media que da a un lago.

El día que visité la residencia de Biden, faltaban 99 días para la elección. Para evitar contagios, sus asesores me llevaron a la antigua cochera, a unos cien metros de donde vive la familia. «Bienvenido a la casa de mi mamá», gritó Biden desde el fondo de la escalera, un instante antes de que su melena blanca se hiciera visible al subir al segundo piso del que ahora era un chalé. Traía puesta una camisa de vestir azul, con las mangas enrolladas hasta los codos, una pluma atorada entre los botones y una mascarilla N95 blanca sobre el rostro.

En apenas tres semanas, Biden se convertiría en el candidato demócrata a la presidencia. El encabezado de la primera página del *Washington Post* de esa mañana leía «La reputación de Estados Unidos frente al mundo está en su punto más bajo». La cifra de víctimas por la pandemia del coronavirus se acercaba a los 150 000, tres veces más que el número de vidas estadounidenses perdidas en Vietnam; la economía se había desplomado con más velocidad que en cualquier otro momento de la historia del país; en Portland, Oregón, agentes federales con uniformes sin distintivos les lanzaban gas lacrimógeno a manifestantes a los que Donald Trump llamó «anarquistas y agitadores enfermos y retorcidos». Ese día, Trump había advertido desde su cuenta de Twitter que los manifestantes «destruirían ciudades y cosas peores si Joe el Dormilón, la marioneta de la izquierda, llegaba a ganar. Los mercados colapsarían y las ciudades arderían».

El hombre que se interponía entre los estadounidenses y cuatro años más de Trump parecía contento de recibir visitas. En aquel extraño verano de 2020, el hogar de los Biden se sentía tan solemne y recluido como una abadía. El chalé, decorado con temas celtas (persianas verdes y cojines con cardos bordados) fungía también como centro de control para el Servicio Secreto; hombres enormes con armas enfundadas entraban y salían todo el tiempo. Biden se acomodó en un sillón del otro lado de la habitación y extendió las manos como señal de saludo con distanciamiento social. «Los doctores me tienen muy checadito», me explicó.

Esa misma tarde, los Biden debían asistir a Capitol Hill para rendirle tributo al recién fallecido John Lewis, de Georgia, un

ícono de la lucha por los derechos civiles que sufrió una frac-
tura de cráneo a mano de los policías estatales en Selma, Alabama, antes de formar parte de la Cámara de Representantes
y ganarse el apodo de la «conciencia del Congreso». Sería una
excursión inusual. Desde que comenzó el confinamiento por
la pandemia de covid-19 en marzo, Biden circulaba casi de forma exclusiva entre su porche trasero, donde realizaba eventos
de recaudación de fondos por Zoom, el gimnasio de la planta
alta y la sala de juegos del sótano, donde realizaba entrevistas
para la televisión frente a un librero y una bandera doblada.
La estructura de su campaña estaba distribuida entre los ho-
gares de unos dos mil trescientos empleados.

Antes de que pudiera hacerle una pregunta, me explicó los
orígenes de aquel chalé. Cuando su padre, Joe Sr., enfermó en
2002, Biden remodeló el sótano de la casa principal para que
sus padres se instalaran ahí. «Solo resistió unos seis meses.
Dios lo tenga en su gloria», dijo. «Y pensé que mi mamá se
quedaría». Al parecer, ella tenía otras ideas. (La difunta madre de Biden, Jean Finnegan, ocupa un papel central en el recuento de la historia familiar de este. Biden recuerda que, en
sus años escolares, una monja se burló de él por tartamudear,
y su madre, una católica devota, la confrontó: «Si usted vuelve
a hablarle así a mi hijo, regresaré a arrancarle ese bonete de
la cabeza»).

Biden me contó que, después de que Jean enviudara, le ofreció un trato: «Me dijo: "Joey, si me construyes una casa, me
mudo ahí". Yo le contesté: "Adorada, no tengo dinero para
construirte una casa". Me respondió que lo sabía, pero que

había hablado con mis hermanos y mi hermana: "Vende mi casa y constrúyeme un apartamento"». Durante años, Biden, quien dependía de su salario gubernamental, estuvo entre los miembros menos acaudalados del Senado estadounidense. (En los dos años posteriores a que dejara la vicepresidencia, los Biden percibieron más de 15 millones de dólares por discursos pagados, impartición de clases y contratos editoriales). Biden reacondicionó la vieja cochera y su madre se mudó ahí. «Entraba y la veía en esa silla allá abajo, frente a la chimenea, viendo la televisión», me contó. «Siempre había una cuidadora sentada en el taburete escuchando sus confesiones».

En sus propias palabras, Joe Biden lleva cinco décadas siendo un «hombre público», ocupando un cargo público, dando entrevistas, compartiendo anécdotas. La última vez que lo había entrevistado —mayormente sobre asuntos de política exterior— había sido en 2014, cuando él estaba en la Casa Blanca y Donald Trump era el anfitrión de la temporada 14 de *The Apprentice*. Biden tiene 77 años y se ve más delgado que hace seis, aunque no es demasiado notorio. Ha dejado ir su juventud a regañadientes. Su sonrisa ha adquirido una jovialidad tan resplandeciente que hasta inspiró un tuit popular durante la campaña de 2012: «Los dientes de Biden son tan blancos que votarán por Romney». Su cuero cabelludo se ha repoblado, su frente parece encalmada, y Biden proyecta el brillo de un abuelo que está volviendo a casa del gimnasio, lo cual suele ser el caso. Y su verborrea es tan dispersa como siempre. James Comey, exdirector del FBI, escribió alguna vez que una conversación típica con Biden se originaba en la «Dirección A» antes de «enfilar hacia la Dirección Z». (En diciembre de 2019, la campaña de Biden hizo público un reporte de su expediente médico, en donde se le declaraba un hombre «saludable y vigoroso» para su edad).

De alguna forma, las implicaciones de la edad se ceñían sobre la contienda presidencial. En su momento, al asumir la presidencia, Trump fue considerado el presidente de edad más avanzada en la historia. (En el verano de 2020, tenía 74 años). Para evadir los cuestionamientos sobre la agudeza mental del presidente, Trump y sus aliados dibujaron a Biden como un hombre senil, tema que saturó las televisoras de derecha y Twitter. Biden no pareció enterarse, pues no se fijaba en las redes sociales. (En comparación con Trump, la campaña de Biden hizo un uso muy somero de esas plataformas. Mientras que Trump tenía más de 114 millones de seguidores entre Twitter y Facebook, Biden tiene menos de diez millones).

Si ocurría algo sustancial, su equipo incluía un tuit en el agregado de noticias que Biden revisaba en su celular cada mañana. Según me dijo, «no leo los comentarios. Paso mi tiempo intentando enfocarme en los problemas que la gente está viviendo».

Para finales de agosto, diez semanas antes de las elecciones, Biden aventajaba a Trump por un promedio de cuando menos ocho puntos porcentuales. Sin embargo, ningún ser humano sobre la faz de la Tierra habría esperado un final de campaña ordinario. Algunas encuestas indicaban que la diferencia se iba reduciendo, y que un cambio inesperado en la economía, el Congreso o la Suprema Corte podría afectarla. «Estoy conforme con cómo estamos, pero sé que las cosas se van a poner

muy, muy feas», me dijo Biden. Mientras Trump alegaba sobre la legitimidad del voto por correo, el director del servicio
postal recortaba con descaro los servicios, lo que podría entor-
pecer el conteo de las boletas. Ruth Bader Ginsburg, la jueza
de mayor edad de la Suprema Corte de Justicia, había empezado un tratamiento de quimioterapia recientemente, lo que
incrementaba las probabilidades de una lucha encarnizada
para elegir a su sucesor. Operativos republicanos ayudaban a
Kanye West —la estrella de hip hop afín a Trump— a figu-
rar en la boleta en varios estados, cosa que los críticos sospe-
chaban que le restaría votos de la población afroamericana a
Biden. Mientras tanto, las agencias de inteligencia de Estados
Unidos advertían que, al igual que en 2016, los rusos estaban
conspirando para dañar al oponente de Trump, pero esta vez con
grabaciones telefónicas editadas que promovían el rumor de que
Biden había abusado de su poder en la vicepresidencia para
ayudar a su hijo Hunter a enriquecerse en Ucrania.

Para alguien que estaba a la cabeza en las encuestas, la acti-
tud de Biden no era del todo positiva. «Me preocupa que jodan
el resultado», me confesó. «¿Cuándo diablos habías visto que
un presidente declarara: "No estoy seguro de si voy a aceptar
el resultado"?».

Los sucesos de 2020 desmantelaron algunos de los relatos más
básicos que los estadounidenses nos contamos. El país más rico
y poderoso del mundo metió la pata hasta en las reacciones
más rudimentarias frente a la pandemia —como conseguir cubrebocas y realizar pruebas diagnósticas—, y algunas agencias

estatales demostraron ser tan anticuadas y estar tan desprovistas de recursos que aún utilizaban faxes para transmitir información. La Casa Blanca presentaba políticas que parecían una sátira de Kafka; aunque a la gente se le recomendaba no comer fuera de casa, el gobierno proponía un incentivo fiscal corporativo para las comidas de negocios.

A diferencia de la Segunda Guerra Mundial, cuando los estadounidenses de clase media escatimaban en insumos básicos —carne, azúcar, café—, en la era del covid-19 mucha gente se negó a quedarse en casa y a usar cubrebocas. Algunas personas se aventuraron a vacacionar en primavera, mientras dependientes de tiendas, cuidadores en asilos y repartidores de todo tipo, volvían al trabajo bajo órdenes que los señalaban como trabajadores «esenciales». En Washington, hasta los preceptos más básicos de la cohesión política se venían abajo. Cuando Larry Hogan —el gobernador republicano de Maryland enfrentado con Trump— mandó pedir pruebas provenientes de Corea del Sur, sintió la necesidad de desplegar a la policía estatal y a tropas de la Guardia Nacional para proteger el cargamento, por miedo a que el gobierno federal intentara confiscarlo. Trump se ufanaba de haber retenido ayuda y equipo de protección personal para estados con liderazgo demócrata. «No llames al gobernador de Washington», recordaba haberle dicho a su vicepresidente, Mike Pence. «No llames a la mujer de Michigan». En abril, Jared Kushner, el yerno del presidente y uno de los líderes del equipo de respuesta al coronavirus, declaró en Fox News que los esfuerzos del gobierno habían sido «un éxito sin precedentes». En los cuatro meses siguientes, perdieron la vida cuando menos 110 000 personas más.

Además, en plena pandemia, el asesinato de George Floyd, quien murió asfixiado bajo la rodilla de un oficial de policía, dio paso a un nuevo giro histórico en el despertar de la historia de Estados Unidos: un enfrentamiento con la enraizada jerarquía del poder, a la que Isabel Wilkerson, en su libro *Caste*, describió como «el acomodador silencioso en un teatro oscuro, que alumbra los pasillos con su linterna y nos lleva a nuestros asientos asignados».

Cornell William Brooks, profesor de Harvard, activista y otrora cabeza de la Asociación Nacional para el Progreso de las Personas de Color (NAACP, por sus siglas en inglés), equiparó el asesinato de George Floyd con el de Emmett Till en 1955, el cual inspiró el movimiento por los derechos civiles que tuvo lugar en Montgomery, Alabama. La escala de las protestas reflejaba una ira que trascendía el horrible suceso que las incitó. «El ingrediente más ardiente en ese caldero es la esperanza frustrada. Muchos recordamos aquello de "esperanza y cambio", pero lo que obtuvimos después fue ira y miedo. La gente está harta», comentó Brooks.

Biden creía que el liderazgo fallido de Trump, en particular durante la pandemia, se había vuelto evidente hasta a ojos de sus defensores republicanos más férreos. «Todo el mundo lo sabe, hasta la gente que lo apoya: todo esto se trata de sus intereses. Todo se trata de él», me dijo. «Ha tenido un impacto muy fuerte en la capacidad que tiene la gente de vivir su vida». Aun así, admitió que quizá no sería suficiente para hacer cambiar de opinión a los votantes. Al describir a los simpatizantes de Trump, Biden no los pintó como personas engañadas, culpables o deplorables. «De verdad creen que su realidad material mejorará si él es presidente», sostuvo. «Trump ha mantenido popularidad, creo, hasta cierto punto —como 40%—, al decir cosas como: "Los demócratas son socialistas. Vienen a arrebatarles todo lo que tienen"».

Los republicanos llevaban tiempo acusando a los demócratas de intentar instaurar el socialismo en Estados Unidos de forma encubierta. Sin embargo, arrojar esa acusación contra Biden, cuya carrera se ha distinguido por un cauteloso centrismo, era una tarea un tanto complicada. Biden decidió participar en las elecciones primarias de su partido con una misión y visión muy específicas: terminar con la presidencia de Trump. La mayoría de los estadounidenses, sostenía él, no quería una revolución. En uno de sus primeros eventos de recaudación de fondos en Nueva York, prometió no «satanizar» a los ricos y dijo que «nada cambiaría de forma sustancial». (En internet, la gente comenzó a circular carteles de campaña falsos, similares a los de la campaña de Obama que traían la palabra «ESPERANZA», pero con el eslogan «Nada cambiará de forma sustancial»). No obstante, para cuando Biden aseguró la candidatura en marzo, ya había comenzado a describir su proyecto como una apuesta por lograr un cambio sistémico de la magnitud del New Deal de Franklin D. Roosevelt. Según uno de los principales colaboradores de Bernie Sanders, durante una llamada telefónica sobre una potencial declaración de apoyo a su candidatura, Biden le dijo a Sanders: «Quiero ser el presidente más progresista desde FDR».

Esa evolución confundió a críticos de todos los rincones del espectro político. A Biden se le acusaba al mismo tiempo de ser una marioneta socialista y un siervo del neoliberalismo. Para sus detractores de izquierda —en su mayoría demócratas más jóvenes, con un nivel educativo alto, fuertemente ideologizados y con una gran presencia y actividad en línea—, Biden era una criatura del *ancien régime* y un porrista del Estado de seguridad nacional, cuyo apetito de cambio era tan tímido que, aun cuando ganó el Supermartes, los precios de las acciones en el sector salud aumentaron. Los liberales se sentían desalentados porque el campo más fértil para una contienda presidencial diversa en la historia del país había dado como fruto a un hombre blanco en su octava década de vida. Fue como si un mesero hubiera vuelto de la cocina con la noticia de que los especiales se habían terminado y lo único que quedaba era avena. (Por supuesto, estaba también la opción de más veneno para ratas).

Maurice Mitchell, director nacional del Partido de las Familias Obreras, me compartió la siguiente reflexión: «La gente decía: "Ay, este tipo es un aficionado". No es una persona ideologizada, y es claro que la ideología es importante para nosotros. Durante las elecciones primarias, su candidatura fue retrógrada; todo se trataba de volver al camino en el que estuvimos durante los años de Obama». Mitchell, quien también era uno de los líderes del Movimiento por las Vidas de los Negros, agregó que el cambio de tono de Biden llamó la atención de los progresistas: «Ha comenzado a entender que este podría ser un momento rooseveltiano. No está del todo ahí —nadie piensa que Joe Biden sea un ícono del progresismo—, pero podría ser producto tanto del pensamiento más cínico como del más optimista».

Conforme la elección se acercaba, durante una entrevista le pregunté a Barack Obama cómo interpretaba el vuelco a la izquierda de Biden. «Si observas los objetivos de Joe Biden y los de Bernie Sanders, encontrarás que, a diez mil metros de altura, no son tan diferentes», arguyó. «Ambos quieren asegurarse de que toda la población tenga acceso a la salud. Quieren asegurarse de que todos puedan conseguir un trabajo que pague un salario digno. Quieren asegurarse de que todos los niños reciban una buena educación». La cuestión, en realidad, era táctica según Obama: «Muchas veces, el asunto es: "¿Cómo llegamos ahí? ¿Qué coaliciones necesitamos?". Creo que este momento ha logrado cambiar algunos de esos cálculos, pero no necesariamente porque Joe haya cambiado, sino porque las circunstancias han cambiado».

Las tensiones dentro del Partido Demócrata reflejaban el enfrentamiento entre el meliorismo liberal —la perspectiva política de cambio incremental a «largo plazo» de Obama y Biden— y el movimiento apremiante al que Sanders llamaba «revolución». Las dos facciones encumbraban virtudes opuestas: una hacía énfasis en el realismo, la creación de coaliciones y la política pragmática, mientras que la otra abanderaba la insoslayable evidencia de que las «reformas» de siempre no habían logrado hacer frente a las desigualdades sistémicas, las crueldades del sistema de salud y del sistema penitenciario de Estados Unidos ni a la catástrofe ambiental.

La división era tanto generacional como ideológica. Toda una generación estadounidense creció entre fiascos —la invasión de Irak, la respuesta al huracán Katrina, la crisis financiera de 2008—, y en parte culpa de ello a la gerontocracia. La media de edad de la población estadounidense es de 38 años; en el Senado, la media es de 65. En el año 2020, el Congreso era uno de los más añosos en la historia del país. El líder mayoritario del Senado, Mitch McConnell, tenía 78 años; Nancy Pelosi, vocera del Congreso, tenía 80. La diferencia de edades era la base de una diferencia profunda en la forma de entender el mundo. En palabras de Patrick Fisher, profesor de Seton Hall y especialista en las dinámicas políticas de la edad: «En términos demográficos, políticos, económicos, sociales y tecnológicos, las generaciones son más distintas entre sí ahora que en cualquier otro momento que podamos recordar».

Hoy en día, los *millennials* son la generación más numerosa en Estados Unidos, además de ser la más diversa en la historia del país. Entraron al mercado laboral durante la peor recesión desde la década de 1930; además, en la actualidad, las personas menores de 25 años enfrentan tasas de desempleo que duplican las de otros grupos etarios. Para 2012, una cantidad récord de adultos de entre 18 y 31 años vivía con sus padres. Durante la década de 2010, mientras el trumpismo germinaba en la derecha, un movimiento rival crecía en la izquierda, encabezado por gente joven. A sus ojos, los estadounidenses mayores estaban utilizando el sistema político para desviar recursos destinados a las generaciones siguientes. En 2014, el gobierno federal gastó cerca de seis dólares per cápita en programas para adultos por cada dólar que gastó en programas para niños, según Paul Taylor, autor de *The Next America*, un estudio sobre el futuro demográfico.

Muchos jóvenes estadounidenses tenían sus esperanzas puestas en Obama, quien en 2008 obtuvo la asombrosa cifra de 66% del voto *millennial*. Al terminar sus dos cuatrienios, esta generación había concluido que, si él no era capaz de impulsar a los partidos políticos a ponerse manos a la obra, nadie lo sería. Entre 2013 y 2017, la media de edad de los Socialistas Democráticos de América cayó de 68 a 33 años. Muchos otros expresaron el deseo de un socialismo que se aproximara más al New Deal. En 2019, Greta Thunberg, la adolescente sueca que inspiró una huelga internacional por el cambio climático, anunció en las Naciones Unidas: «El cambio se acerca, lo quieran o no».

Cuando le pregunté a Obama por las tensiones internas del partido, las describió como cualidades de «la idea demócrata tradicional». En sus propias palabras: «Es un partido de base amplia. Y eso significa que toleras, escuchas y aceptas a personas que son distintas a ti e intentas darles cabida. Así que trabajas no solo con demócratas liberales, sino también con demócratas conservadores, y tienes que estar dispuesto a hacer concesiones». Fue un sutil puyazo para los demócratas que ven la transigencia o la concesión como un fracaso. En comentarios realizados el año anterior, Obama lamentaba el surgimiento de un «pelotón de fusilamiento» dentro del partido: «Esta idea de pureza, de nunca hacer concesiones, de seguir siempre la ideología *woke*, todo eso tienen que superarlo de inmediato».

Antes de ser candidato, Biden expresó su frustración hacia la tibia participación de la juventud estadounidense en las elecciones. En 2019 se quejó de que, cuando Trump contendió con Hillary Clinton por la presidencia, «se quedaron en casa, no se involucraron». Sin embargo, cuando conversamos durante su campaña, hizo un gran esfuerzo por sonar más conciliador: «A esta generación realmente la han fastidiado», señaló. «Esta ha sido la generación más abierta, la menos prejuiciosa, la más brillante, la mejor educada en la historia de Estados Unidos. ¿Y qué pasa? Les toca el 11S, una guerra, la Gran Recesión, y ahora les toca esto. Esta generación merece ayuda durante esta crisis». Se mostró también comprensivo ante ciertos aspectos de su predicamento: «Todavía sigo pagando el crédito estudiantil de Beau Biden», dijo en referencia a su primer hijo, quien murió en 2015. «Él nunca dejó de hacer sus pagos, pero, cuando se graduó de la Facultad de Derecho, debía 124 000 dólares».

En la primavera de 2020, Biden comenzó a describirse como un «candidato de transición» y explicó que «no les hemos dado a los jóvenes un asiento dentro del partido ni la oportunidad de manejar los reflectores o de estar bajo los reflectores del resto del país. Hay un increíble grupo de personas talentosas, novedosas y más jóvenes». Ben Rhodes, asesor de Obama en la Casa Blanca, me lo explicó en estos términos: «En realidad es una idea muy poderosa. Biden dice: "Soy un hombre blanco de 77 años que fue senador durante tres décadas, y entiendo tanto esas limitaciones como la naturaleza de este país". Pero en realidad, sin importar qué haga, no puede comprender las frustraciones de las personas de a pie. No es una crítica; es solo la realidad». Un funcionario de la administración de Obama observó que en aquella admisión de Biden había un mensaje más sutil: «Este país tiene que alivianarse una barbaridad y tener un presidente aburrido».

Según Varshini Prakash, quien a sus 27 años es una de las cofundadoras del Sunrise Movement, organización encabezada por jóvenes que promueve acciones para combatir el cambio climático, Biden reconoció la urgencia de mostrar más que un mero interés retórico en la izquierda joven: «Tenemos un candidato presidencial que, en esencia, ha fincado su carrera entera en soluciones incrementales. Y ahora está en este momento de la historia en el que la gente está harta en gran medida del *statu quo* que él representa —un sistema económico que ha primado durante 40 años, en cuya defensa e instauración él tuvo injerencia—, pero también del pésimo sistema de salud, del clima, de la violencia con armas de fuego, de los asuntos migratorios. Todas estas cosas llegaron a su punto más álgido. Creo que el covid-19 fue la gota que derramó el vaso, y Biden no tuvo más alternativa que reconocer que, si no tiene una forma de maridar su incrementalismo con el nivel de cambio transformativo que la gente está exigiendo, se meterá en serios problemas».

Para asistir al sepelio de Lewis, Biden abordó una camioneta blindada. Se había cambiado su atuendo doméstico de campaña para ponerse ropa digna de un funeral: una camisa blanca inmaculada, traje y corbata oscuros, y una mascarilla

negra. En la Rotonda del Capitolio, a Jill y Joe los recibió
Nancy Pelosi, a quien no habían visto desde que comenzaron
los confinamientos. Conversaron en un pequeño círculo cerra-
do; luego, los Biden se acercaron al féretro de Lewis, el cual
se encontraba cubierto con una bandera, en el mismo lugar
donde Lincoln estuvo postrado hacía siglo y medio. Al igual que
otros, Biden había retado a los republicanos a honrar a Lewis
reinstaurando la Ley de los Derechos del Votante, para «proteger el derecho sagrado al voto por el que estuvo dispuesto
a morir», en palabras de Biden. La ley había servido como
contrapeso frente a la discriminación racial en las urnas entre
1965 y 2013, pero luego la Suprema Corte dictaminó que las
condiciones hacían que ya no fuera necesaria. Desde entonces,
republicanos de varios estados han redoblado esfuerzos para
imponer requisitos sospechosos que excluyen a ciertos sectores de votantes; además, McConnell ha bloqueado proyectos
en el Senado para reestablecer esa ley.

Biden habló por teléfono con Lewis por última vez pocos
días antes de su muerte. Cuando recibió la noticia de su fallecimiento, escribió en un comunicado para la prensa: «A los
padres que intentan responder las preguntas de sus hijos sobre cómo entender el mundo en el que vivimos les digo esto:
háblenles sobre John Lewis».

Durante los días siguientes, el féretro de Lewis volvió sobre
los pasos de la lucha por la liberación de la población negra,
empezando por su pueblo natal, Troy, Alabama, cruzando el
puente Edmund Pettus en Selma, y haciendo una parada en
la recién bautizada Plaza Black Lives Matter, cerca de la Casa

Blanca. En el Capitolio, Biden apoyó una mano encima del ataúd y se persignó.

Trump, por su parte, no asistió al homenaje. Lewis declaró alguna vez que Trump no era un «presidente legítimo», a lo que Trump respondió, con una insinuación racista poco sutil, que el distrito de Lewis estaba «infestado de criminales». Ante la presión de tener que declarar algo, Trump tuiteó, mientras volvía de jugar golf, que la noticia le entristecía y agregó: «Melania y yo les enviamos nuestras plegarias a él y a su familia».

Durante la contienda presidencial, las turbulencias de 2020 le han dado a Trump incontables oportunidades para mostrar su racismo e ineptitud, mientras que a Biden —quien tiene fama de ser medio boca floja durante las campañas— le han ahorrado los riesgos de tener la agenda saturada. Su equipo negó las insinuaciones de que le estuvieran permitiendo a Trump acaparar los reflectores a propósito, aunque en mayo Biden declaró con absoluta franqueza que «mientras más hable él, mejor me irá a mí».

El recato nunca ha sido el estado natural de Biden. Incluso en Washington, la Meca de los fanfarrones y papagayos, Biden siempre ha destacado. Cuando Obama recién llegó al Senado en 2005, al escucharlo pontificar durante una reunión del Comité de Relaciones Exteriores, le pasó una nota a uno de sus asistentes: «Mátenme. Ya». Un exmiembro del equipo de trabajo de Biden comentó alguna vez que aprendió a flexionar ligeramente las rodillas durante los discursos de su jefe para evitar desmayarse. Biden está consciente de su reputación y a veces hace bromas al respecto. Cuando su micrófono se descompuso durante una entrevista en televisión, solo dijo: «Me lo hacen todo el tiempo en la Casa Blanca».

El evidente apetito de vinculación humana de Biden sin duda alguna fue un factor determinante para su victoria en las primarias. Pete Buttigieg, exalcalde de South Bend, Indiana, y uno de sus oponentes, observó a Biden tras bambalinas antes de un debate. «Algunos candidatos hablaban entre sí; algunos parecían hablar consigo mismos», me comentó después. En cambio, Biden socializaba con los tramoyeros o intentaba animar a los candidatos menos experimentados. «Creo que a él lo hace igualmente feliz conversar, escuchar e interactuar con cualquiera que ande por ahí».

Con las elecciones a la vuelta de la esquina, Biden enfrentaba un predicamento: sus éxitos políticos nunca habían sido resultado de galopantes discursos ni del uso ingenioso de las redes sociales; eran consecuencia de vincularse con la gente, y la pandemia había hecho que la gente estuviera casi fuera de su alcance. La pregunta era si podría conectar con suficientes votantes para vencer a Trump, pues muchos demócratas habrían preferido a otro candidato para su partido.

CAPÍTULO 2

Lo que se tuvo que hacer

BIDEN VACILA entre aceptar y detestar la imagen de abuelo bonachón que proyecta. En 2015, Stephen Colbert, conductor de un *talk show* nocturno, se refirió a él en alguna ocasión como un «viejito simpático». Biden lo llamó al día siguiente, según me contó Colbert: «Me dijo: "Escucha, amigo, si me vuelves a llamar viejito simpático iré a patearte el culo en persona". Me reí; él se rio. Le contesté: "No se preocupe. No le vuelvo a llamar viejito simpático; es obvio que no es *tan* simpático"».

En realidad, la efusividad de Biden siempre ha ido acompañada de un lado un tanto más espinoso. Entre sus colaboradores, es conocido por apoyar a personas talentosas sin contactos y por llamar a las madres de sus empleados de sorpresa, pero también puede ser hosco y exigente, y dejarles la labor menor de recaudar fondos a otros. En ocasiones prodiga más gratitud con los extraños que quieren una *selfie* que con el equipo que lleva años apoyándolo en la función pública. Jeff Connaughton, un exasistente a quien Biden desilusionó, alguna vez lo

describió como «un autócrata egocéntrico». Pero Connaughton, quien luego se convirtió en cabildero, también admiraba
el desprecio que profesaba Biden por el efecto corruptor del
lamebotismo de Washington. «Biden nunca levantó un dedo
por mí ni por ninguno de mis clientes», escribió en su libro
The Payoff. «Contrario a la mayoría de los congresistas, nunca
besó el anillo de la Clase Permanente. Siempre hizo su mayor
esfuerzo por distanciarse de ella lo más posible».

A pesar de su larga estadía en Washington, Biden nunca
ha pertenecido del todo a la élite tecnócrata. Para los demócratas institucionales —el círculo de los Obama y el de los
Clinton— su rutina de Amtrak Joe era demasiado melosa y
sus ambiciones demasiado transparentes. Desde Walter Mondale, en 1984, Biden es el primer candidato presidencial del
Partido Demócrata que no tiene un título de una universidad
de la Ivy League. Al estar rodeado de becarios Rhodes y de
profesores universitarios, es sensible a la condescendencia, ya
sea real o imaginaria. Llevaba apenas unos días en el Ala Oeste
de la Casa Blanca cuando el periódico satírico *The Onion* publicó el encabezado «Descamisado, Biden lava su TransAm en
el jardín de la Casa Blanca», con lo que afianzó un tema —el
de «Amtrak Joe», el libertino al final de la barra en el bar—
que se volvió tan ubicuo que opacó el hecho de que Biden
ha sido abstemio toda la vida. («Demasiados alcohólicos en la
familia», explicó. Creció compartiendo habitación con el hermano de su madre, por lo que al recordar la experiencia comentó: «A pesar de ser niños, nos dábamos cuenta de que el
Tío Boo-Boo bebía demasiado»).

Las inseguridades de Biden alimentaban cierta apertura y vulnerabilidad. Aun tras décadas ocupando un cargo público, hablaba con cualquiera que estuviera a su alcance, en parte porque estaba en busca de lo que los demás sabían y él no. Un funcionario de alto nivel en el gobierno de Obama, quien con frecuencia le presentaba informes a Biden, recordaba: «Él hablaba durante 90% de la conversación. Sin embargo, siempre captaba algo. Al final nos levantábamos y salíamos, y él me daba una palmada en la espalda: "Buen trabajo". Yo terminaba un poco confundido». El funcionario añadió: «Entonces, la pregunta es cuál Joe Biden va a gobernar, ¿el que es sinceramente abierto y busca las perspectivas que lo ayudarán a ser más efectivo o el Joe Biden que te habla, pero no habla contigo, porque cree que tiene palabras y experiencia suficientes para salir adelante en cualquier situación?».

Durante años, Biden ha batallado con una espeluznante tendencia a meter la pata cuando habla. Mientras exponía la situación de soldados estadounidenses asediados por cobradores de deudas durante sus despliegues, condenó a los «Shylocks que se aprovechan de estos hombres y mujeres». En el video del discurso del otoño de 2014, su mirada recorrió al público y, a juzgar por el relámpago que le atravesó el rostro, se podía notar que había visto indicios de estar metiendo otra vez la pata. «Acción es elocuencia», apuntó Shakespeare, a principios del siglo XVII, solo unos años después de haber escrito *El mercader de Venecia*, la obra que hizo de Shylock un insulto

antisemita de cajón. Tras el comentario de Biden, el director nacional de la Liga Antidifamación, Abraham Foxman, dijo
que el término seguía siendo «una caracterización ofensiva».
Ya que Biden ha sido durante mucho tiempo defensor de la
comunidad judía, Foxman puso el momento en su contexto:
«Cuando alguien tan cercano a la comunidad judía, tan abierto
y tolerante como el vicepresidente Joe Biden, usa el término
"Shylock" para referirse a usureros sin escrúpulos que tratan
con nuestros oficiales militares, podemos ver lo enraizado que
está en nuestra sociedad este estereotipo sobre los judíos».
(Biden se disculpó casi de inmediato por su «pésima elección
de palabras»).

Unas semanas después, volvió a meterse en problemas.
Esta vez, sin embargo, fue por decir algo que era cierto. En
la Escuela Kennedy de Harvard, Biden concluyó sus observaciones formales y comenzó a improvisar cuando uno de los
estudiantes le preguntó si Estados Unidos debió haber inter-
venido antes en la guerra civil de Siria. «Nuestros aliados en
la región son nuestro mayor problema en Siria», señaló, una
caracterización que los aliados no suelen disfrutar. Nombró a
los turcos, a los saudís, a los emiratís y dijo: «Le tiraron cientos de millones de dólares y decenas de toneladas de armas
a cualquiera que fuera a pelear contra Assad, pero a quienes
estaban surtiendo eran Al Nusra y Al Qaeda», una fuente de
ayuda que contribuyó al resurgimiento del radicalismo suni-
ta. El presidente turco, Recep Tayyip Erdoğan exigió una disculpa y dijo que su relación con Biden era «historia». (Biden
se disculpó con Erdoğan dos días después).

Su tendencia a decir en voz alta lo que otros en Washington solo decían en privado le trajo problemas en el trabajo. Al describir el papel de los aliados estadounidenses en Siria, Biden estaba en lo correcto. Estados Unidos les había pedido a los turcos de forma pública que cerraran la frontera a yihadistas en camino hacia Siria, y los expertos no cuestionaron que el dinero de los países del golfo hubiera terminado en manos de extremistas militantes. Andrew J. Tabler, del Instituto Washington para la Política del Cercano Oriente, le dijo al *New York Times* que «existen errores fácticos y errores políticos» y el de Biden había sido de este último tipo.

Los infortunios de Biden, que solían llegar cuando se aventuraba a «salirse del libreto», en las ansiosas palabras de su equipo, eran parte de la razón por la que los opinólogos subestimaban con frecuencia su potencial. Muchos estadounidenses fuera de Washington recibían esos momentos encogiéndose de hombros. De hecho, los comentarios desenfadados de Biden en Harvard distrajeron la atención de lo que era, en retrospectiva, un concienzudo análisis de política exterior, en el que trazó lazos entre diversas crisis —ISIS, Ucrania, el ébola— y las crecientes tensiones territoriales entre regímenes autoritarios. Biden hizo un llamado a fortalecer a la OTAN, a ayudar «a las naciones pequeñas a resistir el chantaje y la coerción de las potencias mayores y sus nuevas armas asimétricas» (una referencia a Rusia y China). Describió una nueva era definida por una «increíble difusión del poder en el interior de los Estados y entre los Estados que ha llevado a una mayor inestabilidad», lo cual requiere de «una respuesta global que involucre a más actores, a actores más *diversos* que nunca antes».

Con el paso de los años, he logrado identificar algunas fuentes claras de la guerra ocasional de Biden con su boca. La más común de ellas es el crimen pasional de este. Durante la batalla por la implementación del Affordable Care Act, también llamado Obamacare, en 2014, Biden hablaba con reporteros afuera del restaurante Butterfield's Pancake House en Scottsdale, Arizona. Vio a una joven sentada en una banca y se acercó a reclutarla para que fungiera como utilería, predicándole sobre la necesidad de solicitar un seguro mediante la nueva ley: «¡Hazlo por tus padres! ¡Dales tranquilidad!», le imploró. Ella asintió, animosa, pero, después de que Biden se alejara, confesó que no podía inscribirse al seguro, pues era una turista canadiense. («No sabía si debía decirlo»). En otras ocasiones, los comentarios de Biden estallaron en cuanto ocurrieron porque él sabía a la perfección que lo harían. En un evento en la Casa Blanca sobre proteger a estudiantes del acoso y agresiones sexuales, Biden dijo una vez que, de donde él venía, cuando «un hombre le levantaba la mano a una mujer, uno tenía la responsabilidad de molerlo a palos. Perdonen la frase».

Parte del problema era que Biden había aprendido sus hábitos en el Congreso, donde senadores y congresistas no reciben el tipo de atención que se le presta a un presidente o vicepresidente. Sus palabras existían en un limbo entre calidad y cantidad. La mayor parte de lo que decía se perdía sin registrarse, de modo que, si decía algo desafortunado, quedaba enterrado bajo el ruido blanco que producían sus colegas.

Una vez que fue elegido candidato vicepresidencial, empero, sus declaraciones fueron examinadas a detalle. Biden aceptó el escrutinio como el precio a pagar por su candidez. Me dijo: «No digo muchas cosas que no haya pensado bien. Sé que eso no parece muy propio de Joe Biden».

La narrativa común es que Joseph Robinette Biden Jr. es producto de la generación silenciosa, el grupo de cautelosos estadounidenses nacidos entre la Gran Depresión y el final de la Segunda Guerra Mundial, demasiado jóvenes como para haber ido a la guerra y demasiado viejos como para encabezar la contracultura. Quien popularizó el nombre fue William Manchester, en 1959, a quien le parecían «retraídos» y «poco imaginativos», pero esa imagen nunca fue suficiente como para describir a una generación que incluía a Muhammad Ali, Elvis Presley y Ruth Bader Ginsburg.

Más importante aún: nacer en Estados Unidos en 1942 y ser un hombre blanco y heterosexual era, en términos generales, como ganar la lotería cósmica. Dada la baja tasa de natalidad durante la Depresión y la guerra, la generación fue particularmente pequeña, la primera en la historia del país en ser más chica que la anterior. Sus miembros gozaron de mayor atención y recursos de sus padres, grupos reducidos en las escuelas y altas tasas de aceptación en las universidades. El New Deal y el G.I. Bill —la Ley de Reinserción Militar— les dieron beneficios, préstamos y programas de trabajo federales que impulsaron a millones de estadounidenses blancos hacia la clase media. El sociólogo Elwood Carlson, al analizar la buena fortuna de esta

generación en su libro *The Lucky Few*, describió una época en
la que las compañías estadounidenses expandieron su fuerza
de trabajo, crearon pensiones y distribuyeron acciones, una combinación que produjo a «la generación más afortunada del
siglo XX».

Sus ventajas configuraron sus ideas en torno al gobierno, el
dinero, la raza y las oportunidades. En un ensayo para *Harper's*,
un año después de que Biden naciera, E.B. White capturó una
particular especie de pavoneo estadounidense de la posguerra:
«La Sociedad de Quienes Hacen y Quienes Mueven», escribió, «es una sociedad por demás pomposa, cuyos miembros
asumen con solemnidad toda la responsabilidad de su propia eminencia y éxito». Eran un grupo homogéneo; nueve de
cada diez eran blancos y nacidos en Estados Unidos. Tendían,
en palabras de Carson, a «ver sus triunfos en la vida como logros propios, en vez de pensar en el contexto social que hacía
que su éxito fuera posible». En la política, la derecha de esta
generación incluía a «los republicanos más conservadores de
cualquier generación del siglo XX».

Biden encajaba en el molde en algunos aspectos y lo rom-
pía en otros. Siendo el mayor de cuatro hermanos, tenía diez
años cuando su padre, al quedarse sin trabajo, mudó a la familia de Scranton, Pennsylvania, a Delaware. Su padre, conocido como «Big Joe», limpiaba calderas y vendía autos. Big
Joe fue adinerado en su juventud, pero el negocio se enfrió;
entre los vestigios de sus roces con la prosperidad se encontraban un mazo de polo y una profunda sensibilidad a cualquier
señal de irrespeto. Una vez, en una fiesta navideña en su oficina,

el jefe lanzó una cubeta de dólares de plata a la pista de baile para mirar a sus vendedores arrastrarse por el piso para recogerlas. «Papá se quedó paralizado un segundo», escribió su hijo en sus memorias publicadas en 2007, *Promises to Keep*. Luego «se puso de pie, tomó a mi mamá de la mano y salieron de la fiesta», perdiendo su trabajo en el proceso.

La madre de Biden reforzó la atención excesiva al estatus. «Nos decía desde que éramos pequeños: "Nadie es mejor que ustedes"», relató su hermana, Valerie Biden Owens. «Y ustedes no son mejores que nadie». Los Biden se ceñían a una vieja concepción de lealtad de vecindario. «Es el pegamento que mantiene unida a la sociedad», me dijo Biden. «Si no eras leal, no eras una persona digna». A él le gustaba contar una historia sobre cuando a su padre lo estafó uno de sus socios. Cuando los fiscales le pidieron testificar, Big Joe respondió: «No puedo, soy el padrino de su hija».

Cuando Biden rememora su infancia, pasa la mayor parte del tiempo hablando de la experiencia de tartamudear. «Hablaba como en clave Morse. Punto-punto-punto-raya-raya-raya-raya», escribió. «Era como tener que estar en el rincón con las orejas de burro. Los demás niños me miraban como si fuera tonto. Se reían. Al día de hoy puedo recordar el terror, la vergüenza, la furia absoluta de forma tan vívida como el día en que ocurrió». Leer en latín era un infierno: «Tenía solo tres semanas en la escuela y ya me habían apodado Joe Impedimenta, por mi impedimento para hablar».

Cuando Biden cuenta la historia de cómo superó su «impedimenta», recae sobre todo en su fuerza de voluntad y perseverancia. En términos prácticos, superar su tartamudeo requirió de atajos para navegar el mundo. «Aprendes a anticiparte a lo que crees que te enfrentarás», dijo, y me dio un ejemplo: «Sé que tal persona me va a preguntar por el juego de los Phillies, o el de los Yankees. ¿Por qué no cortarlo de raíz y preguntarle por los Yankees desde el principio? Así, puedes ensayarlo mientras te acercas». Bajó la voz, casi susurrando: «¿Cómo ves a los Yankees? ¿Cómo ves a los Yankees?». Para contrarrestarlo, comenzó a recitar pasajes —Yeats, Emerson, la Declaración de Independencia— y, para su segundo año de preparatoria, el tartamudeo comenzó a ceder.

Nunca se deshizo del todo de la inseguridad. A lo largo de los años, lo he oído volver una y otra vez a cuestiones de respeto y vulnerabilidad. Aún puede nombrar a los chicos de primaria que lo humillaban. Y, cuando se convirtió en funcionario público, sus subordinados aprendieron deprisa que Biden tenía una sensibilidad particular para el ridículo. Uno de sus exconsejeros recuerda haberlo preparado para pedirle un favor a un líder europeo; cuando el líder europeo, de forma inesperada, dijo que no, Biden se congeló. «Colgó el teléfono y me dijo algo como: "Nunca vuelvas a hacerme algo así. No pasa nada si no logramos lo que queríamos; puedo hacer la llamada de todos modos, pero necesito que me lo adviertas"».

No obstante, mediante la fuerza de voluntad, también cultivo la capacidad de dar discursos apasionados y enardecedores. De forma importante, y un tanto ominosa, aprendió que mantener la atención del público en ocasiones requería salirse del libreto. «Si sentía que los estaba perdiendo, me desviaba, contaba un chiste, me enfocaba en una persona que no estaba prestando atención para involucrarlo», escribió. «Me enamoré de la idea de convencer a un jurado y de ver cómo ocurría frente a mis ojos».

Contrario a los grandes oradores de Washington que lo inspiraban y lo rodeaban —John F. Kennedy, Daniel Patrick Moynihan, Bill Clinton, Barack Obama—, lo de Biden no era talento, sino producto del trabajo arduo. Steve Solarz, el finado congresista de Nueva York, visitó el Senado una noche y se encontró con una cámara casi vacía. «Había una persona en el piso, hablando como si estuviera en el Coliseo Romano. Era Joe Biden», le dijo a uno de sus colaboradores. «El tipo repetía y repetía, como un tenista entrenando».

Biden fue un alumno mediocre pero popular en la Academia Archmere, una escuela privada en Delaware. Para compensar el costo de su colegiatura, trabajaba con el equipo de mantenimiento de la escuela. Ganó la elección para presidente de la clase de tercer año y volvió a ganar al año siguiente. En sus memorias, recurre a la tercera persona para confesar que «Joe Biden no pasaba muchos de sus sábados por la noche en la biblioteca». Eso alimentó una inseguridad intelectual que persiste y lo lleva a enfocarse quizá con demasiada atención en una estadística o a sumergirse en los clásicos. (Tras el comentario de Shylock, Foxman dijo: «Joe y yo acordamos que tal vez tenga que releer a Shakespeare»).

Asistió después a la Universidad de Delaware, donde jugó fútbol americano y trabajó un verano como salvavidas en una alberca pública. Ahí conoció a algunos jóvenes afroamericanos que vivían en un desarrollo de vivienda social cercano. Brett Gadsden, historiador de la Universidad Northwestern, quien creció cerca de Wilmington y ha escrito sobre la política racial de la ciudad, la describe como suspendida entre el norte y el sur, más cerca de Nueva York que de Raleigh, pero todavía tan segregada que a diplomáticos africanos de camino hacia Washington se les negaba el servicio en algunas gasolineras. «Debe de haber alguna lección metafórica en el hecho de que Biden provenga de un lugar con esta mítica reputación de punto medio. Es emblemático, una especie de centro imaginario», me dijo Gadsden.

Biden tuvo papeles menores en algunas protestas contra la segregación, incluyendo haberse salido de un restaurante en Wilgminton que se negaba a servirle a uno de sus compañeros negros en 1961, y formar un piquete afuera del Rialto, un cine segregado, un año después. Posteriormente, exageraría en ocasiones su participación («Marché»). Sin embargo, en 2013, durante una ceremonia en conmemoración de la marcha en Selma, Biden externó su remordimiento por no haber hecho más. «Estuve involucrado de forma pequeña en mi estado, que seguía luchando contra los vestigios de Jim Crow», le dijo a la audiencia. «Pero me arrepiento y, aunque no es parte de lo que se supone que diría, me disculpo. Me tomó cuarenta y ocho años llegar aquí. Debí haber estado aquí».

En su tercer año en la universidad, Biden visitó las Bahamas en sus vacaciones de primavera. Ahí conoció a Neilia Hunter, estudiante de Literatura Inglesa e hija de los dueños de un merendero en el norte del estado de Nueva York. En la solemne prosa de sus memorias: «Quedé prendado como un absoluto baboso». Neilia y él se casaron en 1966. Joe asistió —apenas— a la Facultad de Derecho de la Universidad de Siracusa, Nueva York, donde fue, en sus propias palabras: «una peligrosa combinación entre arrogante y descuidado». Tuvo que repetir una materia, pues lo atraparon copiando cinco páginas de un trabajo de una revista legal sin anotar la fuente, pero les dijo a los administradores que la causa fue ignorancia y no malicia. («No había asistido a clases lo suficiente como para saber cómo citar»).

Se graduó en el lugar setenta y seis de una generación de ochenta y cinco alumnos, y se mudó a los suburbios de Wilmington, donde se convirtió en defensor público. En 1972, tras un breve paso por el Concejo del Condado de New Castle, se lanzó en una audaz apuesta por el Senado de Estados Unidos. Era el candidato desfavorecido; en las encuestas estaba 30 puntos por detrás de J. Caleb Boggs, un veterano de la Segunda Guerra Mundial de 62 años que había ocupado un cargo público a nivel estatal durante 25 años. Biden, a sus 29, era tan joven que, el día de la elección, no tenía edad legal para ocupar el puesto aún. En los eventos, la gente lo confundía con el hijo del Biden que estaba en la boleta electoral, y los periodistas bromeaban con que era más joven que los zapatos de su oponente. Biden se dispuso a hacer del problema de la edad su ventaja política.

Apeló a su juventud, haciendo campaña con su fotogénica familia —su esposa Neilia, los pequeños Beau y Hunter y la recién nacida Naomi— y publicando anuncios con la frase «Él entiende lo que sucede hoy». El *Evening Journal* de Wilmington observó que los votantes de su edad «parecen haber encontrado a su "nuevo héroe" cuando lo oyen hablar sobre cómo la vieja guardia ha echado a perder las cosas». La familia recorrió el estado de un extremo a otro, atrayendo a votantes que se oponían a la guerra en Vietnam o que estaban alienados de la política. Biden desarrolló un instinto para reconocer el límite de las críticas que podía lanzar sin dañar la mística de su campaña de insurgencia. Cuando Boggs batalló para dar con un dato durante un debate, Biden se resistió al impulso de atacar, intuyendo, como diría después, que «nadie en el público quería ver a Boggs avergonzado; habría sido como golpear a su tío favorito con un palo». Para cuando Boggs reconoció la amenaza de su oponente, fue demasiado tarde como para evitar una de las sorpresas más grandes en la historia del Senado. Biden ganó por tan solo tres mil votos.

Durante las semanas anteriores a su toma de protesta, trabajó desde una oficina prestada en Washington. Su hermana Val le ayudó a organizarse. La tarde del 18 de diciembre, la vida de Biden se derrumbó. Su hermano Jimmy llamó y pidió hablar con Val. Ella palideció. «Hubo un pequeño accidente», explicó ella. Biden oyó algo en su voz; lo sintió en el pecho y respondió: «Está muerta, ¿verdad?».

Neilia conducía su vagoneta Chevy blanca para llevar a los niños a comprar un árbol de Navidad cuando un tráiler cargado de maíz los golpeó de costado, dejando la carretera llena

de volantes de la campaña. Neilia y Naomi, la bebé, murieron. Hunter, de dos años, tuvo una lesión en la cabeza; Beau,
quien tenía tres años, estuvo hospitalizado durante semanas
con varios huesos fracturados.

Biden, que hasta ese momento había gozado de una buena
fortuna casi absurda, consideró el suicidio. En el clásico estudio
de las mentes de los políticos *What It Takes*, Richard Ben Cramer escribió sobre el duelo de Biden tras el accidente: «Todo,
todos ellos —todo lo que habían hecho— *no importaban*. Se
habían ido». La prensa quería una historia sencilla de un viu-
do estoico, escribió Cramer, pero «Joe estaba harto de todo,
al borde del vómito».

Lo habían criado para creer en un Dios benevolente. «Yo
no quería oír nada sobre un Dios piadoso. No había palabras,
oraciones o sermones que me dieran paz. Sentía como si Dios
me hubiera jugado una muy mala pasada, y estaba furioso»,
escribió después. No podía imaginarse ocupando su lugar en
el Senado, pero figuras importantes en el partido, como Mike
Mansfield, lo instaron a intentar estar seis meses en Washington. Al final, Biden ocupó su escaño, en parte porque le preocupaba qué sería de sus hijos si su padre nunca se recuperaba.
Prestó el juramento al tomar su cargo junto a la cama de
hospital en la que Beau yacía con el cuerpo enyesado.

«Habían perdido a su mamá y a su hermana, así que no
podían perder a su padre. Eso es lo que lo hacía levantarse de
la cama en las mañanas», me dijo Val, quien se mudó y vivió
con su hermano y los niños durante cuatro años. Biden nunca se
mudó de Wilmington. Como padre soltero, comenzó a hacer el

viaje de noventa minutos de ida y vuelta en el tren de Amtrak,
un ritual diario que lo alejó de la escena social de Washington
y que se convertiría en una constante en su vida. Ted Kaufman, uno de los colaboradores más cercanos de Biden, me
dijo: «Seis meses después del accidente, entraba a la oficina
y estaba en tan mal estado como el día en que ocurrió. Tenía
uno de los anillos de Neilia, y se lo ponía en el meñique. Si
llegaba a la oficina con el anillo puesto… caray, sabías que
estaba sufriendo en serio».

Con el paso de los años, Biden aprendió tácticas para so-
brellevar el dolor, una serie de estrategias privadas para do-
mar su mente, similares a las maniobras que desarrolló para
superar su tartamudeo. Tenía una pluma y una libreta junto
a su cama y calificaba todos los días del uno al diez para medir
su progreso. Adoptó la creencia de su padre de que el destino
tarde o temprano le da a cada persona, o a cada familia, un
lote de fortuna equilibrado. «Mientras más altas sean las su-
bidas, más profundas son las caídas», le gustaba decir.

Después, adoptó una creencia que había sostenido a Joseph
P. Kennedy Sr., el patriarca de Boston que tuvo que enterrar
a cuatro de sus hijos. En una carta a un amigo, Kennedy escribió:
«Cuando uno de tus seres queridos deja tu vida, piensas en
qué podría haber hecho con unos años más… Y te preguntas qué
vas a hacer tú con los años que te quedan. Entonces, un día, porque hay un mundo en el que vivir, te das cuenta de que eres
parte de él e intentas lograr algo…, algo que esa persona no
tuvo el tiempo suficiente para hacer. Y quizás esa es la razón
de las cosas».

CAPÍTULO 3

«Tienes que crecer»

CUANDO BIDEN llegó al Senado, en 1973, su principal meta era mantenerse ahí. Un perfil sobre el senador novato en la revista *Washingtonian* señalaba que «el senador Biden no cree que las cuestiones políticas hagan mucha diferencia en una elección; la personalidad y la presentación son la clave». Biden llegó al Congreso apenas unos meses después de que Richard Nixon hubiera arrasado en la elección presidencial, a pesar de la creciente investigación en torno al escándalo del Watergate.

En la política de sus primeros años en el Senado, Biden tuvo la cautela de evitar ser conocido como un liberal. La polarización partidista estaba en un histórico punto bajo, y los votantes con frecuencia dividían sus preferencias entre candidatos de varios partidos. En 1974, con base en su apoyo de los derechos civiles y su oposición a la guerra en Vietnam, Biden recibió una alta calificación de Americans for Democratic Action (ADA), una organización progresista sin fines de lucro, y se quejó al respecto. «Esas calificaciones de ADA nos meten en tantos problemas que muchos de nosotros nos rompemos la cabeza buscando formas de votar con los conservadores», le dijo a un reportero. «Cuando se trata de derechos y libertades civiles, soy liberal; pero eso es todo. En realidad, soy bastante conservador en casi todos los demás aspectos. Mi esposa decía que yo era el hombre más socialmente conservador al que había conocido».

En una reunión con miembros de la comunidad, ciudadanos blancos de los suburbios atosigaron a Biden por su disposición a apoyar el transporte forzoso de estudiantes blancos a escuelas en distritos negros para fomentar la integración racial, una práctica conocida como *busing*. Biden se convirtió en su gran defensor, el principal demócrata en la oposición al *busing*. Gadsden, de Northwestern, estuvo entre los estudiantes del área de Wilmington llevados a una escuela con una mayoría de estudiantes afroamericanos, a pesar de la oposición de Biden. «En lo personal, creo que mis compañeros y yo nos beneficiamos mucho de la oportunidad», me dijo Gadsden. «Es comprensible, en un sentido estrictamente político, que Biden se hubiera opuesto al *busing* a principios de los setenta. Sin embargo, en términos históricos, Biden eligió de forma deliberada ignorar una letanía de violaciones en contra de los derechos constitucionales de los niños negros». Eso lo colocó «justo dentro de la retirada liberal de los derechos civiles, que data del rechazo al *busing* y se extendió hasta la política de triangulación del presidente Clinton», señaló.

En sus primeros años, Biden se enfrentó a burlas constantes por su aparente falta de profundidad y aplomo. Cuando Henry Kissinger era secretario de Estado, confundió al joven senador con un asistente; cuando se le informó de su error, Kissinger ofreció solo una tibia corrección: «Una disculpa, senador Bidd-en», dijo Kissinger, pronunciando mal el nombre de Biden. (Biden respondió, con evidente tirria: «No se preocupe, secretario Dulles»). En el piso del Senado, Biden dio una vez un apasionado discurso sobre un tema que desconocía —pozos petroleros— y uno de sus oponentes lo exhibió. («¿Alguna vez ha *visto* un pozo, senador Biden?»). Un exasistente de Biden recordó: «Lo vapulearon. Y, a partir de ese día, dijo: "Siempre voy a estar bien preparado"».

Presionaba a su equipo a ayudarlo a preparar respuestas a cualquier pregunta imaginable. Contactaba a académicos en busca de información sobre temas que desconocía. En mayo de 1975, le escribió una carta a Hannah Arendt, la teórica política quien examinaba las raíces del autoritarismo:

> *Estimada doctora Arendt,*
>
> *Leí en un artículo reciente de Tom Wicker sobre un trabajo que usted leyó en el Foro Bicentenario de Boston.*
>
> *Como miembro del Comité de Relaciones Exteriores del Senado, estaría por demás interesado en recibir una copia.*
>
> *Gracias.*
>
> *Quedo de usted,*
>
> *Joseph R. Biden Jr.*
>
> *Senador de Estados Unidos*

El trabajo al que Biden se refería era «Home to Roost», una conferencia que Arendt dio el 20 de mayo de 1975, en

el Faneuil Hall de Boston, una de sus últimas apariciones
públicas antes de su muerte en diciembre de ese año. En el
ensayo, advirtió con gran clarividencia que las crecientes doc-
trinas del mundo comercial —los, en apariencia inocentes,
engaños de Madison Avenue, el negocio de la exageración
y de las relaciones públicas— les estaban dando a los políticos estadounidenses mayor poder para engañar a la gente.
Las mentiras son tan viejas como la política, apuntó, pero la
mentira «como forma de vida» era más común en «países con
regímenes totalitarios». Escribió: «Cuando la verdad venga
a cosechar lo que se ha sembrado, intentemos cuando menos
darle la bienvenida, no tratemos de escapar hacia alguna utopía:
imágenes, teorías o insensateces puras. La grandeza de esta
República ha sido dar cuenta de lo mejor y lo peor del hombre, todo en pro de la Libertad».

A la vez que Biden ascendía en el Senado, reconstruía su familia. Dos años y medio después de la muerte de Neilia, su
hermano le concertó una cita a ciegas con Jill Jacobs, una
estudiante de Literatura de último año en la Universidad de
Delaware. Era una maestra en ciernes, proveniente de los suburbios de Filadelfia. A Jacobs le intrigaba el hombre que,
en sus palabras, «no se parecía en nada a los tipos de patillas
y pantalones acampanados con los que acostumbraba salir».
Había trabajado como modelo local y Biden la reconoció de
un anuncio en el aeropuerto. Jacobs no quería una vida en
la política, pero se enamoró de los hijos de Biden. En la familia Biden, nada era una decisión individual. Dos años y

medio después de la muerte de Neilia, sus hijos preguntaron: «¿Vamos a volver a casarnos?». En 1977, tras pedírselo varias veces, Jill se casó con él. Tuvieron una hija, Ashley, quien se convirtió en trabajadora social.

Durante las décadas siguientes, Jill Biden conservó tanto de su vida como le fue posible; se convirtió en la primera pareja de un vicepresidente en continuar con su trabajo de tiempo completo, compartiendo un cubículo y enseñando literatura en la Universidad Comunitaria del Norte de Virginia. Cuando me senté a conversar con ella en un café cercano a la Casa Blanca, su equipo de seguridad se mantuvo discreto y nadie pareció reconocerla. En 2008, su esposo irritó a algunas posibles votantes al describir a su esposa como «una belleza despampanante». Le pregunté qué pensaba al respecto. «A veces me disgustan algunas de las cosas que dice que podrían ser demasiado personales. Pero lo cierto es que creo que Joe en verdad lo piensa», se rio. «¿Cómo puede ofenderte que tu esposo piense eso de ti?».

Para 1987, tras quince años en el Senado, Biden había disipado algunas de las dudas que rondaban su carrera. Como cabeza del Comité Judicial del Senado, los demócratas elogiaron su exitosa batalla en contra de Robert Bork, el juez conservador nominado por Ronald Reagan para ocupar un asiento en la Suprema Corte. Ese año hizo su primer intento por ocupar la presidencia, pero bajo los reflectores sus viejas inseguridades y cortocircuitos volvieron a aquejarlo. En su discurso habitual durante la campaña, estuvo citando al político británico Neil Kinnock para hablar de sus orígenes humildes. Sin embargo, en la Feria Estatal de Iowa, no citó a Kinnock —un error inconsciente, dijo— sino que absorbió su biografía y la relató como propia, hablando de sus «ancestros que trabajaron en las minas de carbón en el noreste de Penssylvania y estaban doce horas ahí abajo».

No había tales ancestros. Reporteros descubrieron otra cita sin atribuir (de Robert Kennedy) y una grabación de Biden hablando con una audiencia en New Hampshire, en la que exageraba sobre su historial académico y alardeaba frente a alguien que lo cuestionó: «¡Creo que debo tener un coeficiente intelectual mucho más alto que el tuyo!». Biden se jactaba de haber recibido «una beca académica completa» y de haber «terminado entre los mejores de mi clase»; ninguna de las dos cosas era cierta. Cuando le preguntaron al respecto, se disculpó y dijo: «Exagero cuando estoy enfadado, pero no voy por la vida diciéndole a la gente cosas sobre mí que no son ciertas». En los alrededores de Capitol Hill, la gente bromeaba: «Los Kennedy citaban a los griegos; Biden cita a los Kennedy». Biden comenzaba a hacerse de una reputación de pomposo y arrogante; personal del Congreso hacía circular un currículum satírico con su fotografía y algunos de sus logros, que incluían «inventor del poliuretano y de la podadora eléctrica» y «miembro de las Rockettes (1968)».

La campaña de Biden terminó antes de que acabara septiembre; duró menos de cuatro meses. Durante años, siguió maquillando su biografía de vez en cuando. Alguna vez dijo que le habían disparado en Irak. Cuando se le presionó al respecto, corrigió un poco y dijo: «Estaba cerca de donde cayó un disparo». Revisando el historial de sus exageraciones y plagios, llegué a verlos como los excesos de un hombre ansioso por que todas sus historias resplandecieran, incluso cuando se expone al ridículo. Los costos de esa debilidad han sido altos, pero Biden los ha reconocido solo de forma esporádica. Cuando anunció su retiro de la contienda presidencial de 1987, aceptó sus errores, pero también le echó la culpa al «ambiente de la política presidencial que hace tan difícil que el pueblo estadounidense considere a Joe Biden por todo lo que soy y no solo por mis equivocaciones al hablar». Después de eso, durante años culpó de su derrota a una prensa feroz y a la investigación de la oposición. En 2007, Biden al fin dejó de lado las excusas. «Cometí un error, un error nacido de la arrogancia», le dijo a un reportero. «No merecía ser presidente».

Poco después de dar por terminada su campaña presidencial, Biden sufrió el aneurisma que lo dejó tendido en el piso de su habitación de hotel. Para cuando llegó el Día del Trabajo, estaba de vuelta en el Senado. En su presentación pública, ese es el punto que marca el comienzo de su resurrección. No obstante, una mirada más minuciosa revela un escollo más: en 1991, Biden estuvo a cargo de las audiencias en torno a la nominación de Clarence Thomas a la Suprema Corte. Biden enfureció a sus partidarios liberales al no permitir el testimonio de mujeres que podrían haber reforzado las acusaciones de acoso sexual de Anita Hill. A pesar de que Biden terminó votando en contra, Thomas ganó por un margen estrecho, 52 a 48. Biden, quien omitió las audiencias de Thomas de sus memorias, le dijo a Jane Mayer y a Jill Abramson, en una entrevista para su libro sobre la audiencia, *Strange Justice*, que había actuado «para ser justo con Thomas, cosa que, en retrospectiva, no merecía».

Biden se esforzó mucho para reconstruir su reputación. En 1994, encabezó el esfuerzo por aprobar la Ley de Violencia Contra las Mujeres, la cual incrementó las protecciones en contra de parejas abusivas y le ayudó a Biden a recobrar el apoyo de los grupos de mujeres. A Biden le encantaban las negociaciones íntimas, las cortesías bipartidistas, cuando la gente daba y cedía de sus intereses para llegar a un acuerdo. Sus alianzas eran tan variadas que fue el único senador invitado a hablar en los funerales de Strom Thurmond, el senador segregacionista, John McCain, el republicano de Arizona, y Frank Lautenberg, el senador demócrata de Nueva Jersey quien llamaba a Biden «el único judío católico». Biden me dijo: «Les pedías algo en el ámbito político y decían "Está bien". Y, luego, aunque las circunstancias habían cambiado, cuando llegaba el momento de hacer lo que les habías pedido, lo hacían».

Biden lamentó la llegada de senadores más combativos, quienes «en verdad no tenían respeto alguno por la institución del Senado. Con esto quiero decir que querían convertirlo en la Cámara. Nunca voy a olvidar la primera vez que oí a alguien en el piso del Senado referirse al presidente [Clinton] como Bubba». Los legisladores no solo comenzaban a abandonar el decoro y las deferencias, sino que ponían sus maquinaciones políticas privadas por encima del interés público. «Hoy, la idea de un compromiso es un concepto variable», dijo Biden, e hizo una pantomima de un congresista mercenario: «Sé qué te dije *entonces*, pero ahora, Dios, ahora tengo un problema, así que ya no puedo hacer esto contigo».

En el Senado, Biden forjó un historial legislativo que, para un progresista de hoy, parecería más una serie de cargos criminales en una hoja de arresto. Votó por la desregulación de Wall Street, la Ley de Defensa del Matrimonio, el Tratado de Libre Comercio, la guerra en Irak. Durante las elecciones primarias de 2020, la senadora de Massachusetts Elizabeth Warren le reclamó el haber legislado «del lado de las compañías de tarjetas de crédito». En uno de sus encabezados, la revista socialista *Jacobin* lo comparó con el infausto personaje cinematográfico que no dejaba de aparecer en momentos cruciales del siglo XX, llamándolo «el Forrest Gump del giro a la derecha del Partido Demócrata».

Nada en la historia legislativa de Biden lo ha acechado más que su papel en la composición de la ley penal de 1994, la legislación más radical de su tipo en la historia de Estados Unidos. La ley contribuyó a los problemas de encarcelamiento masivo al crear la ley federal de los «tres *strikes*», impulsando sentencias más largas y otorgando miles de millones de dólares a los estados para construir más cárceles.

En aquel momento, la ley tenía el apoyo de algunos demócratas de izquierda, incluyendo a Bernie Sanders —«No me alegra haber votado por una ley tan terrible», dice ahora—, y de líderes políticos negros, incluyendo al congresista James E. Clyburn, de Carolina del Sur. Clyburn había aprendido mediante experiencias complicadas que muchos de sus votantes negros estaban mucho menos entusiasmados con la reforma a la justicia criminal que los liberales blancos. En un foro público en 1994, expresó su escepticismo con respecto a una iniciativa para imponer sentencias más estrictas. «Me arrancaron la cabeza en esa reunión, y todo el mundo ahí era negro», me dijo Clyburn hace poco. «El crack era una plaga en las comunidades afroamericanas. Querían sacarlo de sus comunidades y tomaron una postura muy rígida frente a las drogas. Y por eso su servidor, junto a otros miembros del Grupo de Congresistas Afroamericanos, votó por la ley penal de 1994». Clyburn, al igual que Biden, aún está orgulloso de que la legislación incluyera la Ley de Violencia contra las Mujeres, un veto a las armas automáticas y fondos para patrullas comunitarias y tribunales de drogas. Sin embargo, en el otoño de 1994, los republicanos asumieron el control de la Cámara de Representantes; Clyburn los culpa por los cambios que instauraron. «Dejaron todo lo punitivo y quitaron todo lo bueno», declaró. Biden ha expresado un arrepentimiento matizado similar. «Sé que no siempre acertamos, pero siempre lo intentamos», afirmó el año pasado. «Creíamos que los expertos nos decían que con el crack no hay marcha atrás, que había una diferencia fundamental con el crack. No la hay, pero ha atrapado a toda una generación».

En *Locking Up Our Own*, un estudio de la justicia criminal y política racial ganador del Pulitzer, James Forman Jr. describe el encarcelamiento masivo como consecuencia de «una serie de decisiones pequeñas, tomadas a lo largo de los años, por un grupo diverso de actores». En el fondo, podían rastrearse hasta lo que Forman llama «políticas de la responsabilidad», una teoría de disciplina personal, consonante con el individualismo de la generación silenciosa y los *baby boomers*, que se enunciaba con frecuencia desde los escalafones más altos del Partido Demócrata. En su discurso inaugural de 1993, Bill Clinton prometió «ofrecerles más oportunidades y exigirles más responsabilidad a todos».

Era un lenguaje salido del manual republicano. A finales de los ochenta, después de que los demócratas hubieran perdido cinco de las últimas seis elecciones presidenciales, Clinton y otros miembros de la generación emergente de demócratas adoptaron la retórica de la responsabilidad personal, que buscaba trazar una línea más clara para separar a aquellos a quienes consideraban dignos de recibir beneficios de quienes no lo eran. Ronald Reagan declaró: «Nunca abandonaremos a aquellos que, sin culpa alguna, necesitan de nuestra ayuda». La expresión «sin culpa alguna» apareció por primera vez en la retórica presidencial con los conservadores Calvin Coolidge y Herbert Hoover, pero Reagan la utilizó con más frecuencia que cualquier presidente anterior. Luego Clinton la usó cuando menos el doble de veces que Reagan, según las cuentas de Michael Sandel, filósofo político de Harvard. En 1995, cuando Eric Holder se convirtió en el primer fiscal negro de Washington, D.C., lanzó la operación Alto al Fuego, que instaba a la policía de Washington a detener autos y buscar armas, un precursor de la política de «detener y catear» que Holder criticaría posteriormente como fiscal general de Obama. «No voy a ser ingenuo al respecto», declaró en un foro comunitario en 1995. «Las personas a quienes detendrán serán, en una abrumadora mayoría, hombres negros jóvenes».

Al reflexionar sobre las decisiones tomadas en aquellos años, Clyburn y sus colegas «no estaban intentando meter gente a la cárcel», señaló. «Estábamos intentando responder a los deseos de nuestras comunidades». Además de la ley penal, la política de la responsabilidad inspiró la reforma a los beneficios sociales de 1996, que limitaba los beneficios para los pobres, y la legislación sobre la bancarrota —apoyada por Biden—, que les hizo más difícil a los estadounidenses solventar sus deudas.

Ese énfasis en la responsabilidad y la rendición de cuentas tuvo un efecto muy distinto en la gente que estaba en la cima de la montaña. Clinton hizo campaña con la promesa de controlar los salarios de los ejecutivos de las grandes corporaciones, imponiendo un tope a la capacidad de una empresa de deducir de sus impuestos la compensación monetaria de los ejecutivos. No obstante, en una ley que pasó por el Congreso tras las elecciones, los consejeros de Clinton agregaron una laguna legal que exentaba la paga por «desempeño», como acciones y bonos, del tope fiscal. En consecuencia, la paga de los ejecutivos creció de forma exponencial, pues las empresas les entregaban sumas cada vez más grandes por su «desempeño». Biden llegó a lamentar su voto a favor de la medida. «Nos sonó bien en aquel momento, pero lo que hizo fue que... los mercados tienen una respuesta, y la respuesta fue: "Bien, vamos a comprar nuestras propias acciones, elevar el valor de esas acciones y pagarnos en acciones"». (En los años que siguieron al colapso financiero de 2007-2008, los altos ejecutivos de los veinte bancos más grandes de Estados Unidos recibieron casi 800 millones de dólares en pagos en acciones por desempeño).

Cuando le pedí a Cornell William Brooks, profesor de Harvard y exdirector de la NAACP, que calificara el historial de Biden en Washington, me presentó una imagen que era evocadora del legajo mental que Biden tiene de sus picos y valles. «A la gente le encanta que le haya servido con lealtad y eficiencia al primer presidente afroamericano, pero odian su liderazgo en la ley penal. Les conflictúa su posición con respecto al *busing*, pero lo evalúan como un todo histórico y por la estatura de su sinceridad», detalló Brooks. «Las cosas que resultan más desconcertantes sobre Joe Biden a los ojos del ala más progresista del Partido Demócrata son las mismas cosas que resultan desconcertantes del Partido Demócrata».

Biden tenía un apetito por la política que resultaba inagotable aun para los estándares de Washington. George Mitchell, el senador demócrata de Maine que llegó a ser líder mayoritario en el Senado, resentía que varios de sus colegas tuvieran poco interés en el poco glamuroso trabajo de conseguir votos tras bambalinas. «Por lo general, un senador viene conmigo, el líder mayoritario, y dice: "Tenemos este problema. ¿Puedes conseguir los votos?". Y se va a cenar». Biden era diferente; Mitchell recuerda pedirle que le ayudara a llamar a todos los senadores demócratas a sus casas. Luego volvió para supervisarlo varias horas después. «Yo estaba hablando con mi octavo senador; él seguía con el segundo. Le dije: "Joe, sé que quieres explicarles las cosas, pero tienes que ser más conciso"».

En 2007, Biden contendió por la presidencia por segunda vez. Tuvo un buen desempeño en los debates; cuando le preguntaron si «tenía la disciplina suficiente para no hablar de más», dijo que sí y se quedó callado. A pesar de esto, no logró recaudar dinero y abandonó la carrera muy temprano. Parecía que su campaña sería recordada por poco más que un cumplido malogrado hacia Obama, a quien llamó un «tipo elocuente, inteligente, limpio y bien parecido». Cuando Biden recibió críticas por sus palabras, Obama lo defendió: «No tengo duda alguna sobre qué hay en su corazón ni sobre el compromiso que ha hecho con la lucha por la equidad racial en este país».

De hecho, la candidatura de Biden había impresionado a Obama, quien empezó a llamarle para pedirle consejos en temas de seguridad nacional y política exterior. Antes de una reunión de comité, Biden lo ayudó a prepararse para el interrogatorio del general David Petraeus, tras el cual Obama recibió elogios por su desempeño. Obama también llegó a admirar la enormidad de relaciones de Biden en el extranjero. Mitchell recuerda recibir a jefes de estado en Capitol Hill: «Les decía: "Él es el senador Smith, el senador Jones". Cuando llegaba a Joe, el líder extranjero alzaba la mirada y saludaba: "Hola, Joe"». Al igual que en la política interior, Biden veía el panorama más amplio posible al buscar alianzas en el extranjero. «Lo puedes dejar en Kazajistán o en Bahréin, no importa: va a encontrar a Fulano de Tal, a quien conoció hace treinta años y ahora es el encargado de todo», me explicó Julianne Smith, su exconsejera adjunta de Seguridad Nacional. «Y ni siquiera importa cuáles sean sus afiliaciones políticas: conoce conservadores, conoce socialdemócratas; después de más de treinta y cinco años, todo el mundo ha pasado por el Comité de Relaciones Exteriores del Senado».

Después de que Obama asegurara la candidatura de su partido, llamó a Biden para preguntarle si dejaría que lo investigaran para ser considerado como posible vicepresidente. Biden se negó, preguntándole a su equipo si alguien podía recordar quién fue el vicepresidente de Lincoln. Sin embargo, Jill lo empujó a reconsiderar su respuesta. Según me explicó: «Estaba furiosa con George Bush por involucrarnos en esa guerra. Para mí era un sinsentido». Había animado a su esposo a buscar la presidencia porque, tal como le dijo: «Tienes que acabar con esa guerra». La vicepresidencia le daba otra oportunidad para hacerlo. Por otra parte, añadió Jill: «Joe entró a la política por los derechos civiles. Que aquello hubiera evolucionado y llegado hasta el momento histórico en el que el primer hombre negro podría ser electo como presidente de Estados Unidos, y que Joe pudiera ser parte importante de ello, me pareció que era casi como un cuento de hadas».

Había solo un problema. «¿Cómo sería para él ser el número 2? ¿Apoyar las posiciones de alguien más?», se preguntaba Jill. Biden nunca había trabajado para nadie, y no estaba seguro de poder hacerlo. Le contó a un amigo sobre la conversación decisiva que tuvo con su esposa. «¿Cómo voy a hacer para manejar esto?», a lo que ella respondió: «Tienes que crecer».

CAPÍTULO 4

Vice

LAS FÓRMULAS presidenciales con frecuencia eran matrimonios apresurados y forzados, y Biden y Obama eran una pareja particularmente dispareja. Para los estándares de los políticos, Obama proyectaba una indiferencia gatuna ante la adoración que provocaba en la gente. Biden buscaba todas las manos, todos los hombros y todas las cabezas. Los separaban diecinueve años de vida y un océano de diferencias de estilo. Obama era un tecnócrata; Biden un político visceral. Obama era el peripatético hijo mestizo de Hawái, Indonesia, Kenia y Chicago, un hijo de los setenta que alguna vez experimentó con «un poco de coca». Biden creció con dos padres, tres hermanos y una rutina dominical: «Papá me daba un dólar. Yo pedaleaba hasta la Farmacia Cutler para comprar medio galón de helado Breyers. Pedaleaba de regreso a la casa y los seis nos sentábamos en la sala a ver *Lassie*, *Jack Benny* y *Ed Sullivan*».

Cuando Obama reclutó a Biden para que se sumara a su campaña, algunos demócratas estaban desconcertados. Se suponía que la presidencia de Obama marcaría un nuevo capítulo

67

en la historia generacional de la política estadounidense, el triunfo de lo que Stacey Abrams —activista de los derechos de los votantes y excandidata a la gubernatura de Georgia— llamaría posteriormente «la nueva mayoría estadounidense», una coalición de «personas de color, jóvenes y blancos entre moderados y progresistas». Biden no había logrado superar el 1% de los votos en la primaria de Iowa, pero Obama admiraba su animoso desempeño en los debates, sus relaciones con líderes extranjeros y sus conexiones en D.C. En palabras de David Axelrod, el principal estratega de Obama, Biden también estaba «bien situado en términos culturales y geográficos»: hacía que Obama fuera más atractivo para la clase obrera blanca del medio oeste, quienes podrían no sentir una conexión natural con un líder comunitario negro.

Axelrod intuía también que Biden tenía una fortaleza que era difícil de articular en el lenguaje habitual de la política. Durante el proceso de investigación, visitó a Biden en su casa en Delaware y lo vio interactuar con su familia. «Estaba hablando con Beau y dijo: "Vengo después a ver a los niños". Recuerdo que le dio un beso y le dijo "Te amo"», me comentó Axelrod. Cuando volvió a Washington, le señaló a Obama: «Esta familia tiene algo especial». En Washington, la familia suele utilizarse como un accesorio; esto era algo distinto. Así se lo explicó Axelrod a Obama: «No es cualquier cosa; es algo real. No sé qué papel tendrá en todo esto, pero me parece que es una verdadera ventaja».

Tenían que llegar a conocerse. A Biden le irritaban algunos miembros del joven equipo de Obama; a los asistentes de

Obama les preocupaban los pronunciamientos improvisados de Biden. El vicepresidente no estaba acostumbrado a los *teleprompters*. Debido a su tartamudeo, leer en voz alta era aún más incómodo para él que improvisar. A veces trabajaba con escritores de discursos y luego ignoraba el libreto, lo cual lo dejaba vulnerable a lo que el equipo de campaña de Obama llamaba «las bombas de Joe», las cosas que dice sin intención («Amigos, puedo decirles que he conocido a ocho presidentes, a tres de ellos de forma íntima») y las cosas que dice con intención, pero que no debería decir.

En una parada de la campaña en el sur de Filadelfia, a Ed Rendell, gobernador de Pennsylvania en aquel momento, le sorprendió ver a trabajadores instalando un *teleprompter* para Biden. «Pregunté: "¿Por qué hay un *telemprompter* para Joe? Nunca usa *teleprompter*". Y me contestaron, en secreto, más o menos esto: "La campaña de Obama quiere que solo lea del libreto para que no cometa errores"». En febrero de 2009, después de la Inauguración, Biden le dijo a su audiencia que había «30% de probabilidad de que nos equivoquemos con la economía». Un periodista le preguntó al presidente al respecto; Obama respondió: «No recuerdo con precisión a qué se refería Joe. No es de sorprenderse».

Durante un almuerzo en la Casa Blanca, Biden abordó el problema de relaciones públicas diciendo que una división los afectaría a ambos. Obama estuvo de acuerdo y prometió ser más cauteloso con sus palabras. «El vicepresidente pidió una cosa», recordó Rahm Emanuel, el primer jefe de personal de Obama. «Siempre poder comentar, nunca ser silenciado y que

siempre fuera él la última persona en hablar. Y el presidente honró ese compromiso». De igual manera, Biden explicó:
«Lo que me pidió el presidente a cambio fue que ambos nos
comprometiéramos a que, cuando tuviéramos algo en mente,
cuando alguno de los dos estuviera haciendo algo que le mo-
lestara al otro, nos lo diríamos».

En Delaware, un estado con la mitad de la población que
la ciudad de Houston, Biden había sido el político más famoso por más de cuatro décadas. Las calcomanías de sus campañas decían simplemente «JOE». Pero, una vez que llegó a
la Casa Blanca, Biden debió encontrar un papel productivo
y relevante. Hasta hacía poco, los vicepresidentes habían estado alejados del poder. Daniel Webster rechazó el puesto
en 1848 argumentando: «No tengo intenciones de estar enterrado hasta estar muerto y dentro de un ataúd». Mientras
Coolidge ocupó el cargo, se jactaba de dormir once horas diarias. Sin embargo, en las décadas posteriores a la Segunda
Guerra Mundial, conforme la velocidad y el espectro de las
decisiones tomadas en la Casa Blanca crecía, el poder del vicepresidente se incrementó. Al no haber una descripción fija
del puesto, cada vicepresidente adoptó un enfoque propio: Al
Gore se concentró en proyectos de nicho que le apasionaban
(el medioambiente, Reinventar el Gobierno) y Dick Cheney
se ocupó de lo que uno de sus colaboradores llamó «los asuntos de hierro» (defensa, energía).

En un principio, Biden esperaba ser un vicepresidente similar a Lyndon B. Johnson, quien también tuvo una larga carrera en el Congreso y sirvió bajo el mando de un presidente

más joven que él. Luego, tras haber leído *The Passage of Power*, el cuarto volumen de la biografía de Johnson escrita por Robert Caro, Biden supo de lo frustrado que Johnson se sintió en el cargo: «No le pedían su opinión en nada, desde la Bahía de Cochinos hasta la crisis de los misiles en Cuba. No era parte del proceso». En el vocabulario político de Joe Biden, nada era más importante que ser «parte del proceso». En vez del modelo de Johnson, intentó emular a Walter Mondale. Durante la presidencia de Jimmy Carter, Mondale rechazó las tareas de poca monta y mudó su oficina del Edificio de Oficinas Ejecutivas Eisenhower al Ala Oeste de la Casa Blanca. «Mi trabajo era ser consejero general del presidente», me explicó Mondale. Al igual que Biden, Mondale pasó más de tres décadas en el Congreso e intentó ser un puente entre el poder legislativo y un presidente que no tenía contactos ahí. «Obama estaba verde. Había sido parte del gobierno federal muy poco tiempo. Había sido, sin duda, muy exitoso, pero no estaba curtido en esos temas. Joe sí lo estaba. Podía ocupar un hueco que necesitaba llenarse».

Cuando Biden aceptó ser vicepresidente, su única condición fue la garantía de que sería «parte del proceso», que estaría en todas las reuniones importantes, que siempre tendría acceso al presidente, que sería digno de ser incluido. Obama estuvo de acuerdo y añadió: «Quiero oír tu punto de vista, Joe. Solo que lo quiero en presentaciones de diez minutos, no de una hora».

La oficina de Biden en el Ala Oeste, a 17 pasos de la Oficina Oval, estaba decorada como un hotel clásico: maderas oscuras,

cortinas pesadas, paredes y alfombra azul marino. Tenía retratos de John Adams y Thomas Jefferson, los primeros dos
vicepresidentes. (Adams se quejó de que el puesto era «el
cargo más insignificante jamás ideado por el hombre»). Sin
embargo, Biden tenía un enfoque un poco más matizado. «Es lo
que el presidente quiera que sea», me dijo un día en una entrevista en su oficina durante el almuerzo. Biden había tomado el
puesto con la sospecha de que podría hacer las cosas mejor que
un presidente joven e inexperimentado, pero, tras seis meses, recibió una lección de humildad con el manejo de Obama de una
compleja crisis financiera que le ofrecía muy pocos dividendos
políticos. «Creo que el liderazgo de Barack Obama evitó una
larga e interminable depresión», me señaló Biden y añadió: «La
acción más difícil como líder, como padre, como político, como
pastor, como lo que sea, es aquella que previene algo malo»,
pues no hay forma de probar que se evitó algo peor.

Cada mañana, Biden cruzaba el pasillo para sentarse junto al
presidente en la Oficina Oval y recibir informes económicos
y de inteligencia. Tenía una invitación abierta para sumarse
a las sesiones habituales del presidente con los secretarios de
Estado y de la Defensa. Como senador, Biden fue crítico de la
acumulación de poder de Dick Cheney, pero, una vez que
estuvo en la Casa Blanca, mantuvo algunas de las innovaciones
de Cheney. Antes de Cheney, los vicepresidentes no acostumbraban acudir con frecuencia al Comité Principal, que consta
de los principales consejeros de seguridad nacional del presidente. Cheney asistía a casi todas las sesiones; Biden una
tercera parte de las veces.

Obama desarrolló en Biden la confianza suficiente como para encomendarle algunas de las tareas más delicadas de su administración. Cuando la Casa Blanca necesitaba lograr que el plan de estímulo económico de 787 000 millones de dólares se aprobara, Emanuel le pidió a Biden que llamara a seis senadores republicanos. Consiguió el voto aprobatorio de tres de ellos, y la ley se aprobó por un margen de exactamente tres votos. Biden preparó a Sonia Sotomayor antes de su audiencia de confirmación para la Suprema Corte y encabezó un esfuerzo de cabildeo para convencer al senador Arlen Specter, un republicano de Pennsylvania, de cambiar de partido. Biden también ayudó a conseguir los votos para el Affordable Care Act, la legislación social más ambiciosa desde la Gran Sociedad de Lyndon B. Johnson.

Obama le pidió que supervisara el gasto de los fondos para el estímulo económico, administrando una gran cantidad de intereses locales y estatales. Biden bromeaba con que él era el único miembro de la administración que no podía ser despedido, y buscaba ser franco en los debates internos de la Casa Blanca. «Cualquier presidente diría que el bien más difícil de encontrar en la Oficina Oval es la verdad, pura y dura, sin importar qué tan dolorosa sea», dijo Bruce Reed, quien fuera el jefe de personal de Biden entre 2011 y 2013. «No siempre se aprecia en el momento, pero es un papel al que cualquiera cerca del presidente debería aspirar».

En cuestiones de políticas, tenían desacuerdos. En 2011, Biden objetó al plan de la administración para que los hospitales católicos y otras instituciones cubrieran anticonceptivos

bajo el Affordable Care Act, argumentando que les costaría
votos de la clase obrera. Algunos de los consejeros políticos
de Obama concluyeron que el radar político de Biden estaba desactualizado. No obstante, más allá de sus diferencias,
Biden y Obama compartían una creencia básica: que los estadounidenses ansiaban unidad en la política. Durante su campaña, Obama señaló la descomposición de los lazos sociales en
el país. Le dijo a una audiencia en 2008: «Estoy hablando de
un déficit de empatía, de la incapacidad de vernos en el otro,
de entender que somos los guardianes de nuestros hermanos y
hermanas. Y, en palabras del Dr. King, estamos todos "atados
en una única prenda del destino"».

La visión de Biden era menos trascendental. Así me lo expresó: «Mira, nunca espero que una cabeza de Estado con quien
estoy lidiando, o un colega del Senado o un congresista, quiera
aparecer en la segunda edición de *Profiles in Courage* de forma
voluntaria. Así que tienes que pensar en qué es lo que les in-
teresa a ellos». Y, sin embargo, la consideración de Biden de
los intereses políticos ajenos en ocasiones lo acercaba más
a los progresistas. En mayo de 2012, mientras Obama pon-
deraba darle o no su apoyo al matrimonio entre personas del
mismo sexo, Biden se le adelantó, diciéndole a un periodista
que estaba «más que cómodo» con que las parejas homose-
xuales pudieran casarse con todos los derechos otorgados por
la ley. Obama lo perdonó, pero los consejeros políticos del
presidente estaban anonadados. El equipo de Biden oyó que
sus eventos públicos serían recortados esa semana. Desde
afuera, el momento parecía una típica metida de pata, pero

los funcionarios de la Casa Blanca reconocieron un patrón en los cálculos de Biden. Tal como me explicó un funcionario importante de la administración de Obama: «Es una gran veleta para determinar dónde está la izquierda del centro. Él se da cuenta: "Bien, la sociedad se está moviendo hacia allá, el Partido Demócrata se está moviendo hacia allá, así que me voy a mover"».

Biden se convirtió en un enviado al implacable Congreso, donde aprovechó las relaciones que había pasado décadas construyendo. David Plouffe, uno de los consejeros políticos de Obama, veía la misión de Biden como una pregunta: «¿En qué espacio se está dando el trato?». Su convicción de poner las concesiones por encima de la ideología lo acercaba al presidente. «En verdad piensan igual en ese respecto», dijo Plouffe. Biden conservó su casillero en el gimnasio del Senado, donde le gustaba socializar. «Recopilaba inteligencia», me dijo uno de sus exasistentes. «Llama a uno de los líderes, luego llama al líder del otro partido y luego llama a cinco de sus amigos en el Senado para que sean sinceros y le digan qué está ocurriendo».

Sin embargo, en ocasiones a los demócratas les irritaba la idea de Biden de que él debía conducir a los líderes republicanos hacia el avenimiento. Durante los últimos días de 2012, los recortes fiscales de Bush estaban por expirar, lo que habría ayudado a recaudar 3.7 billones de dólares en el curso de los diez años siguientes. Para intentar mantener los recortes, los republicanos amenazaron con faltar al pago de la deuda del país por primera vez en la historia. Biden negoció un trato de último minuto con McConell, el líder minoritario del Senado: acordaron recuperar 600 000 millones de esos ingresos y permitir que algunos de los recortes de Bush se volvieran permanentes. Se dice que Harry Reid, el líder mayoritario del Senado, estaba tan horrorizado con los términos acordados que lanzó el papeleo a su chimenea. (Reid negó después la historia).

Una soleada mañana de 2014, cinco años después de haber asumido el puesto de vicepresidente, Biden estaba cerca de los vestidores del Estadio Tubby Raymond de la Universidad de Delaware, preparándose para dar el discurso de graduación. Todos los invitados de honor vestían togas y birretes acolchados de terciopelo, salvo por Biden, quien tenía la cabeza descubierta. (Regla #1 de Biden: nada de sombreros graciosos. Regla #2: no cambies tu marca). Uno de los organizadores lo llevó hacia donde estaba un pedazo de cinta en el piso marcado «vpotus», y caminaron hacia una enardecida multitud de cuatro mil recién graduados con togas azules. Cuando el rector lo presentó, se dejó llevar por el momento y llamó a Biden «el cuadragésimo séptimo presidente de Estados Unidos». El público se dividió entre risas y pérdidas de aliento, pero nadie, incluyendo a Biden, lo corrigió. Después de su discurso, cuando Biden estaba por volver al área de los vestidores, un joven se puso las manos alrededor de la boca y gritó: «¡Sigue haciendo lo tuyo, Joe! ¡Estoy contigo, hombre!». Biden alzó la mirada, complacido pero perplejo por un escenario sobre el que no tenía control y que no reconocía del todo. Saludó y siguió caminando.

Con el paso de los años, Biden se había hecho de un lugar singular en la cultura popular de la política estadounidense. En una Casa Blanca que privilegiaba el recato, Biden deambulaba entre la exuberancia y el autosabotaje. En vez de pronunciarse en contra de las indignidades de la vicepresidencia, se deleitaba en el trabajo. Sentado en su silla durante el discurso del Estado de la Unión, mirando a sus otrora colegas del Congreso, Biden hizo una pistola con la mano y comenzó a disparar, guiñando el ojo y jalando del gatillo imaginario sin indicio alguno de ironía. En 2013, c-span lo grabó mientras se preparaba para la toma de protesta de los nuevos senadores. Recibió a la familia de cada senador con un entusiasmo juguetón. A las mujeres mayores les decía: «Tienes unos ojos hermosos, mamá. Caramba». A las mujeres jóvenes: «Recuerda, nada de novios serios hasta que cumplas treinta». A los niños pequeños, vestidos con sus mejores ropas: «Cuida a tu abuelito. Ese es tu trabajo más importante». La presentación completa de Biden —los Ray-Ban de aviador, la sensiblería descarada, el aire de Fonzie— nunca lo congració con el *establishment*, pero le daba un aire de autenticidad muy poco usual en su profesión. Ha generado también un dejo de atractivo de culto; su imagen llegó a tener más en común con Betty White que con John Boehner, el veterano congresista de Ohio que era el vocero de la Cámara en aquel entonces. En mayo de 2014, cuando una adolescente invitó a Biden a su baile escolar, él respondió enviándole un ramillete y una nota escrita a mano pidiéndole que «disfrutes tu baile tanto como yo disfruté del mío». En Twitter la gente perdió la cabeza, en el mejor sentido posible.

Biden tenía un apetito inagotable por «la conexión»: recorrer la barricada estrechando manos, ponerse una mano alrededor del oído para escuchar a la multitud, hacer contacto visual con un escéptico en el público. «Como que los acerca y los abraza con sus palabras y, a veces, con los brazos», me dijo John Kerry, quien era secretario de Estado en ese momento. «Es un político muy táctil, y todo es real. Nada es fingido». En una recepción después de un debate televisado en 2008, John Marttila, asesor político, pensó en ayudar a Biden a salir. «Varias veces me levanté y dije: "Creo que es hora de irnos", pero él se quedó ahí. Creo que se fue a la cama a las dos de la mañana y teníamos que levantarnos a las cinco o cinco y media». Para Marttila, «el proceso de conocer gente lo energiza» a un nivel que es poco frecuente entre los políticos. A Biden le gusta hablar tan cerca de sus interlocutores que, de tanto en tanto, choca la frente con ellos durante la conversación, un gesto tan menor que solo se vuelve notable cuando uno intenta imaginar a Barack Obama haciéndolo.

Biden siempre ha resentido lo que él llama el Síndrome del Tío Joe: la imagen del tipo bonachón, indisciplinado y bobo. La cena de la Asociación de Corresponsales de la Casa Blanca, la gala anual organizada por la prensa, presentó una vez un *sketch* en video basado en *Veep*, la comedia de HBO estelarizada por Julia Louis-Dreyfus en el papel de una vicepresidenta tan desesperada como ambiciosa. Cuando la serie debutó en 2012, Biden se mantuvo tan al margen como pudo. («Si yo hubiera sido parte de la administración, le habría dicho lo mismo», me comentó Louis-Dreyfus). Sin embargo, comenzó a tomarle cariño al programa y, para la cena de corresponsales, Biden apareció junto a Louis-Dreyfus en un *sketch* en el que los dos vicepresidentes se desbocan: se hacen tatuajes con Nancy Pelosi, allanan las oficinas del *Washington Post* para cambiar los encabezados, incluyendo «BIDEN VUELA ALTO. Índice de aprobación de 200%». Las reseñas de la velada declararon que el video fue un éxito, aun cuando David Weigel, reportero político de *Slate* en ese momento, observó que los chistes a costa de Biden eran sutiles indicaciones de que «la Casa Blanca estaba aceptando con gentileza y cautela que Biden no sería el candidato presidencial de su partido para 2016». Unos días después de la cena de corresponsales, le pregunté a Biden qué opinaba del *sketch*. Me contestó: «La verdad es que resultó bastante gracioso», pero añadió que había modificado el libreto para evitar tonterías innecesarias. Dijo que una escena en la que él y Louis-Dreyfus comían helado en la cocina de la Casa Blanca pedía que se acobardara frente a Michelle Obama. «La Primera Dama entra ¿y yo tengo que acobardarme? No va conmigo», explicó Biden.

Afuera de la Casa Blanca, Biden era objeto de evaluaciones públicas muy variadas. En una columna previa a las elecciones de 2012, Bill Keller, exeditor ejecutivo del *New York Times*, instaba a Obama a abandonar a Biden como su compañero de fórmula y sumar a su entonces secretaria de Estado, Hillary Clinton, a la campaña. (La campaña había considerado el cambio también, hasta que las encuestas mostraron que no haría diferencia alguna). Ese mes de marzo, documentos recuperados durante la redada en la que murió Osama bin

Laden mostraron un insulto inesperado: Bin Laden les había aconsejado a sus asesinos que dejaran a Biden y se concentraran en Obama, diciéndoles: «Biden no está preparado para el puesto, y eso llevará a EUA a una crisis». Durante el verano, una encuesta del Pew Research Center y el *Washington Post* le pedía a la gente que describiera a Biden con una sola palabra; las respuestas más frecuentes, en números casi idénticos, fueron «bueno» e «idiota». Los republicanos se regocijaban al pintar a Biden como el político consumado, descuidado, tempestuoso, y como un fósil. «El vicepresidente Joe Biden está en la ciudad», comentó el senador Ted Cruz en una cena con conservadores de Carolina del Sur. «¿Saben? Lo mejor es que ese chiste ni siquiera necesita un final. Solo lo dices y la gente se ríe».

Y, sin embargo, durante el último mes de la campaña de 2012, Biden les recordó a todos por qué era el compañero de Obama. Después de que el presidente tuviera un desempeño desastroso en un debate ante Mitt Romney, el vicepresidente se preparaba para enfrentar a su contraparte Paul Ryan, el congresista de cuarenta y dos años de Wisconsin, con los ojos de un potro salvaje. En el escenario, Biden portaba una sonrisa lupina. Soltó risotadas, se burló e interrumpió a su rival. (Cuando Ryan dijo: «Jack Kennedy bajó las tasas de impuestos y creó crecimiento», Biden lo detuvo en seco: «¡Ah! ¡Ahora eres Jack Kennedy!»). Su histrionismo enloqueció a algunos espectadores, pero en la campaña estaban encantados; Biden había parado la caída, y cuando Obama se preparaba para el siguiente debate, según reportes, sus consejeros le pidieron que canalizara un poco de la energía combativa de Biden. Para el final de 2012, la Casa Blanca estaba extendiéndole la cortesía protocolaria de ensalzar el poder de su #2. Un titular en *The Atlantic* preguntaba: «¿El vicepresidente más influyente de la historia?».

Por encima de todo, como en gran parte de la vida de Biden, su relación con Obama estaba cimentada en la lealtad. Una vez que te conviertes en vicepresidente, señaló Biden, «tienes la obligación de respaldar cualquier cosa que haga el presidente, salvo que tengas un dilema moral fundamental con lo que está haciendo». Y añadió: «Si eso llegara pasar, anunciaría que tengo cáncer de próstata y que tengo que dejar la Casa Blanca». Durante un almuerzo del grupo parlamentario demócrata, después de que el partido hubiera perdido el control de la Cámara baja, el entonces congresista Anthony Weiner criticó a Obama por hacer un trato con los republicanos en torno a los recortes fiscales. Biden estalló: «No hay maldita forma de que me quede aquí mientras se habla así del presidente». Poco tiempo después, golpeó de forma similar al primer ministro israelí Benjamin Netanyahu, quien había criticado la política para el Medio Oriente de Obama. Cuando el presidente recibía críticas, Biden «mostraba los músculos», me dijo Plouffe. Las historias llegaban a oídos de Obama. Ben Rhodes, quien era el consejero de seguridad adjunto de comunicaciones estratégicas, me señaló en aquel entonces: «El presidente sabe que él lo respalda». Mientras más golpes absorbía Obama en Washington, más valoraba las defensas de Biden. «Creo que las batallas forjaron un nivel de confianza que ahora está implícito en su relación», explicó Rhodes.

Ambos eran hombres orgullosos, y no habían esperado aprender uno del otro, pero, con el tiempo, los efectos de su relación se hicieron visibles para aquellos que los rodeaban. Leon Panetta, quien fuera director de la CIA y después del Pentágono para Obama, me dijo que el presidente reconocía los huecos de su experiencia y sus capacidades. «Obama es, en el fondo, un profesor de Derecho, y creo que hay cierto grado de "¿En verdad tengo que hacer esto?" dentro de él. En cambio, Joe representa esa sombra que puede decirle al presidente de Estados Unidos: "Sí, tienes que hacerlo"». Obama se acostumbró a decirle a sus colaboradores y a su público que nombrar a Biden como su vicepresidente era la mejor decisión política que había tomado. «Creo que Biden ha aprendido varias lecciones de la disciplina de Obama, y eso ha llegado a ser muy educativo, a pesar de que le molesta», destacó un exasistente de Biden. «Y creo que Obama aprende de la calidez de Joe. Cuando están juntos en una reunión, los funcionarios extranjeros gravitan más hacia Biden que hacia Obama». Y luego añadió: «Los dos sienten que son el mentor en la relación». Cuando Biden tomó el cargo, según le dijo a David Axelrod, aún creía que él «sería mejor presidente». Sin embargo, tras un año de observar a Obama, Biden reconoció haber estado equivocado: «Ganó la persona correcta, y yo estoy muy orgulloso de estar asociado con él».

Los retos que enfrentaron el presidente y el vicepresidente los acercó más de lo que muchos habían esperado, empezando por ellos mismos. John Marttila, asesor de Biden, me contó una vez: «Joe y Barack estaban almorzando y Obama le dijo a Biden: "¡Nos estamos haciendo buenos amigos! Me parece sorprendente". Y Joe le responde: "¿A *ti* te sorprende? ¡Joder!"».

Habían superado sus incomodidades iniciales en torno a la boca ingobernable de Biden y la debilidad de Obama por ser condescendiente. Pero las tensiones no habían desaparecido del todo y volverían con furia con implicaciones no solo para las elecciones de 2016, sino también para las de 2020.

CAPÍTULO 5

El enviado

DE TODOS los trabajos que le correspondían a Biden dentro de la Casa Blanca, ninguno consumía más de sus energías que las relaciones exteriores. Obama tenía poca experiencia en el área cuando tomó el cargo, y Biden había sido presidente del Comité de Relaciones Exteriores del Senado. En las diplomáticas palabras de este, «el presidente me envía a los lugares a los que no quiere ir».

El domingo de Pascua de 2014, abordó el Air Force Two con destino a Kiev, la capital ucraniana que tenía meses en un caótico enfrentamiento con Rusia. Todo comenzó el invierno anterior, cuando el presidente ucraniano Viktor Yanukovych tomó el lado de Rusia al retractarse de un acuerdo con la Unión Europea, desatando protestas por todo el país. Como con muchos otros líderes mundiales, Biden tenía años de conocer a Yanukovych, y llevaban una relación de camaradería. «Era muy sociable», recordó Biden. «Le decía: "¡Pareces maleante!". Y también: "Eres gigantesco"». Conforme las protestas subieron de intensidad, Biden intentó persuadir a Yanukovych de reconciliarse con los manifestantes. Hablaron nueve veces por teléfono, pero los esfuerzos de Biden fueron en vano. El 20 de febrero, los francotiradores del gobierno abrieron fuego sobre los manifestantes y mataron al menos a 88 personas en 48 horas. El presidente huyó, abriéndole el paso al pueblo para que irrumpieran en su mansión y encontraran los frutos de su cleptocracia: pavorreales como mascotas, una flotilla de autos antiguos, un restaurante privado con forma de barco pirata. Mientras Kiev lidiaba con las secuelas de los enfrentamientos, las fuerzas rusas incursionaron en Crimea y Vladimir Putin reclamó el territorio para Rusia.

Habían pasado dos meses desde la huida de Yanukovych, y la misión de Biden era clara y específica: la llegada del segundo funcionario de más alto rango de Estados Unidos tenía como propósito tranquilizar al frágil gobierno de Ucrania y disuadir a Putin de seguir adentrándose en el territorio ucraniano. En comparación con el comandante en jefe, el vicepresidente viaja con lujos por demás moderados. El Boeing 757 modificado estaba algo gastado. Un posabrazos se desprendió de su asiento en las manos de uno de los pasajeros. El vicepresidente tenía una cabina privada con una cama plegable, un escritorio y una silla para visitas; pero si llegaba un segundo visitante, se le daba una hielera de plástico para usar como asiento. «Si lo que quieres son lujos, debes buscar otro tipo de trabajo», bromeó Biden.

El Air Force Two aterrizó en Kiev, una ciudad con majestuosos bulevares, castaños y tantas iglesias con cúpulas que los bolcheviques la declararon no apta para ser una capital comunista. Los enfrentamientos en la ciudad habían terminado, pero el campamento en Maidan, la plaza principal de la ciudad, aún parecía un set de *Los miserables*: barricadas altas y melladas, de metal, madera y llantas demarcaban las líneas de batalla. Salían volando chispas de las fogatas. En una de las pocas señales de recuperación, los adoquines que habían arrancado de las calles para lanzarle a la policía estaban apilados y listos para ser colocados de nuevo en su lugar.

En el parlamento, un edificio de la época de Stalin con una entrada con columnas, condujeron a Biden a ver a un grupo de políticos que competían por encabezar el nuevo gobierno. Tras tantos años, Biden tiene un arsenal de frases para romper el hielo que puede utilizar en Bagdad, Beijing o Washington. Una de sus favoritas es: «Si tuviera un cabello como el tuyo, sería presidente». Suele adaptar su rutina a las circunstancias. En Kiev, se acercó a Vitali Klitschko, un exboxeador de más de dos metros de alto, campeón mundial de peso completo, a quien llamaban Dr. Puño de Hierro antes de que entrara al mundo de la política. Biden alzó la mirada y tomó el bíceps derecho de Klitschko con la mano. Al seguir recorriendo la mesa, conoció a Petro Poroshenko, candidato presidencial y multimillonario que hizo su fortuna en la industria dulcera. Biden, quien ya estaba considerando volver a buscar la presidencia en 2016, le dijo al grupo: «He sido candidato presidencial dos veces y espero que a ustedes les vaya mejor que a mí». (Poroshenko ganó la presidencia un mes después).

Biden tomó su asiento a la cabeza de la mesa. Para sus anfitriones en Kiev, el vicepresidente tenía solo un pequeño paquete de asistencia que anunciar: 58 millones de dólares para realizar las elecciones, asesoría en materia energética y equipo de seguridad no letal, incluyendo radios para las patrullas fronterizas. Más importante aún, Biden quería transmitirles a los nuevos líderes en Kiev el mensaje de que recuperar la legitimidad requeriría cambios más allá de resistirse a la interferencia rusa. En un índice de corrupción producido por Transparency International, Ucrania estaba empatada con la República Centroafricana en el lugar 144 de una lista de 177 países. Biden les dijo a las personas que estaban a su alrededor: «Siendo muy francos —y esto es algo muy delicado que decirle a un grupo de líderes en su propio parlamento—, tienen que luchar contra el cáncer de la corrupción que hoy en día es endémico de su sistema». Biden suele optar por el candor en esos escenarios. En 1979, durante uno de sus primeros viajes a la Unión Soviética, escuchó un argumento de su contraparte soviética y respondió: «En casa tenemos un dicho: no puedes marear a un mareador». Bill Bradley, un colega del Senado que también era parte de la delegación, le preguntó después al intérprete cómo había traducido el comentario de Biden al ruso. «No de forma literal», explicó el intérprete.

La forma de abordar las relaciones exteriores de Biden en ocasiones irrita a los diplomáticos de carrera. «Me dan un libreto y les digo: "¡No voy a decir eso! ¡No es creíble!"», me contó. «Tienes que partir de la suposición de que el otro tipo no es un idiota. La mayoría de la gente no es tonta con respecto a sus propias ambiciones». Biden se enorgullecía de su capacidad para leer a la gente: «Es muy importante, si puedes, comuni-carle a la otra persona que entiendes su problema. En cambio, algunas de estas estupideces diplomáticas dicen: "No tene-mos idea de cuál sea tu problema"».

Leon Panetta recuerda haber escuchado a Biden trabajando en el teléfono en la Casa Blanca: «No sabías si estaba hablan-do con un jefe de Estado o con el líder de un partido político en Delaware». En viajes al extranjero, Biden buscaba oportu-nidades para proyectar una cara del poder estadounidense con los pies sobre la tierra. En 2011, cuando yo estaba viviendo en China, Biden se preparaba para una visita oficial a Beijing. En ese momento, el Partido Comunista estaba lidiando con una serie de vergonzosas demostraciones de privilegio oficial. En un caso prominente, un autobús en el que viajaba un al-calde de la provincia de Hebei se pasó un alto y golpeó a un estudiante de catorce años. El estudiante quedó incapacitado; el alcalde nunca lo visitó en el hospital, lo que los críticos interpretaron como un indicio de pomposo aislamiento. In-cluso antes de que Biden llegara a China, jóvenes comenta-ristas liberales chinos lo presentaban como un contraejemplo en las redes sociales. Alabando su capacidad de reírse de sí mismo, apuntaban hacia un video de la cena de la Asociación de Corresponsales de la Casa Blanca en el que Joe Wong, un comediante sinoamericano, le decía al público que había leí-do la autobiografía de Biden antes de conocerlo en persona. «La versión del libro me pareció mucho mejor», dijo con falsa seriedad; la cámara cortó para mostrar a Biden, vestido de etiqueta, doblado de risa.

En Beijing, Biden recalcó el punto; durante una pausa para comer en las reuniones oficiales, se aventuró a salir de los estériles confines que suelen contener a los invitados oficiales y se dirigió a un comedor de clase obrera llamado Estofado de Hígado Yao Ji. El restaurante se especializa en una sopa, en palabras de la reseña de un local, «oscura y espesa, llena de pedazos de hígado terrosos y círculos de intestinos suaves pero resistentes». Biden y su séquito se apretujaron entre los comensales; el dueño del lugar salió a estrecharle la mano. Biden se disculpó con los sorprendidos clientes del local: «Ustedes vinieron por una comida tranquila, y aquí aparezco yo». A los comentaristas liberales chinos les encantó la escena, y durante años el restaurante tuvo un «especial Biden» en su menú.

Otros países llegaron a esperar de él cierta franqueza desbocada. Cuando preparaba una visita a Tokio en 2013, el *Asahi Shimbun*, un periódico japonés, preparó a sus lectores. «Podrá estarla pasando de lo mejor, pero algunos a su alrededor temen que pueda dejarse llevar y decir algo escandaloso», explicaba un editorial. «Biden es conocido por sus deslices ocasionales, pero, al parecer, eso también es lo que lo hace entrañable e interesante».

La «experiencia Biden» era mucho mejor recibida en el Mediterráneo y Latinoamérica que en, digamos, Inglaterra y Alemania. Un exfuncionario británico que asistió a reuniones con él en la Casa Blanca señaló: «Es como una llave de agua que puedes abrir, pero no cerrar». Y añadió: «Más allá de todo su encanto genuino, es frustrante sentir que no deja espacio para que alguien más exponga sus puntos, en particular para quienes son educados y no interrumpen». Aprendió a reservar algo de tiempo en su agenda para lo que sus colegas llamaban «la hora de Biden». Su estilo cayó mejor en Israel. Durante una visita en 2011, Biden citó a su padre diciendo: «No tiene sentido morir en una cruz pequeña» para instar a Benjamin Netanyahu a dar pasos más grandes hacia la paz en el Medio Oriente. Ron Dermer, el embajador israelí en Estados Unidos en ese entonces, lo relató así: «Estamos en Jerusalén, tenemos un vicepresidente católico y un primer ministro judío, y le dice: "No tiene sentido morir en una cruz pequeña". El primer ministro se echa a reír y, tengo que decirlo, es la muestra de entendimiento de la realidad política de Israel más sucinta que he oído».

Desde que se sumó a la administración de Obama, Biden fue una estridente voz del escepticismo respecto al uso de la fuerza estadounidense. En ocasiones, eso lo colocó en el lado opuesto en los debates de otros de los miembros de la administración, incluyendo a Hillary Clinton y a Panetta, el primer director de la CIA de Obama. Biden se opuso a la intervención en Libia, argumentando que la caída de Muamar el Gadafi resultaría en caos; Biden le advirtió al presidente en contra de la redada en la que murió Osama bin Laden. Si la operación fracasaba, dijo Biden después, Obama «habría sido un presidente de solo cuatro años». A pesar de que este hacía caso de los consejos de Biden solo algunas veces, ambos se adherían a una comedida política exterior de «evitar errores», en palabras de Obama. Cuando se le pidió articular «la Doctrina Obama», el presidente respondió: «Pegas sencillos, pegas dobles; de vez en cuando quizá puedas conectar un jonrón».

Biden, contrario a su antecesor, Dick Cheney, dejó su marca en la política exterior al reforzar los instintos de recato del presidente, en vez de intentar sacarles la vuelta. En el verano de 2014, hablé con Obama sobre el papel de Biden en su gobierno. Le pregunté si Biden había tenido alguna influencia en su forma de pensar. «En el ámbito de la política exterior, creo que donde más se notó la influencia de Joe fue en el debate sobre Afganistán», apuntó. En 2009, Obama dio inicio a una revisión estratégica de las políticas estadounidenses, y su gabinete de guerra se reunió en repetidas ocasiones para discutir cuál era el mejor camino a seguir. Los líderes militares, incluyendo al máximo comandante en Afganistán, el general Stanley McChrystal, estaban a favor de una gran estrategia de contrainsurgencia que conllevaba cuarenta mil tropas adicionales y una considerable fuerza civil. Obama creía que algunas de las personas sentadas en la mesa estaban predispuestas a lograr un resultado específico. Así me lo explicó: «Estaba Bob Gates, quien había demostrado ser un extraordinario secretario de defensa, pero era obvio que estaba interesado en tener cierta continuidad de la administración en lo referente a nuestras políticas en Afganistán».

Obama continuó: «Durante ese debate, Joe y yo tuvimos varias conversaciones largas entre nosotros, intentando entender cuáles, exactamente, eran nuestros intereses en Afganistán y qué creíamos poder lograr ahí. Creo que, en algunas de las narrativas públicas, se presentó como que Joe era la paloma y los demás los halcones. Y me parece que eso es demasiado simplista. En verdad, lo que Joe me ayudó a hacer fue preguntar de forma constante "¿Por qué, exactamente, es que estamos ahí?" y "¿De qué recursos podemos echar mano para lograr metas específicas?", en vez de estancarnos en debates ideológicos más amplios que con demasiada frecuencia conducen a extralimitaciones del poder o a una falta de precisión en nuestra misión». Obama puntualizó que Biden y él discutían las preguntas que les harían a las comunidades militares y de inteligencia. «Había ocasiones en las que Joe hacía preguntas, básicamente en nombre mío, para darme espacio para tomar decisiones, para promover debates vigorosos. Y eso fue invaluable tanto para moldear nuestra estrategia para una oleada inicial, y así detener la inercia del talibán, como también para establecer un cronograma de cuánto tiempo estaríamos ahí. Y, sabes, al día de hoy, puede existir, quizá, controversia alrededor del hecho de que impusimos ese cronograma para comenzar a reducir nuestra presencia en Afganistán. Estoy convencido, sin lugar a dudas, de que fue lo correcto». (Obama terminó por ordenar una estrategia civil y militar que conllevó más de treinta mil tropas adicionales, y la intervención estadounidense en Afganistán continúa).

Algunos de los líderes del Pentágono culparon a Biden por crear divisiones y desconfianza entre la Casa Blanca y la milicia. En las memorias de Gates, *Duty*, le dirigió sus críticas más duras a Biden. Dijo que era «imposible que te desagradara», pero que «había estado equivocado con respecto a casi todos los asuntos de política exterior y seguridad nacional en las últimas cuatro décadas». En una entrevista con la Radio Pública

Nacional (NPR) sobre el libro, Gates dijo que Biden había votado en contra de la ayuda a Vietnam del Sur y celebrado la caída del Shah de Irán. «Se opuso prácticamente a todos los elementos del plan de fortalecimiento de la defensa del presidente Reagan. Votó en contra de la B-1, de la B-2, de la MX, etc. Votó en contra de la primera Guerra del Golfo. Así que, en varios de estos asuntos importantes, para ser sincero, siento que ha estado equivocado durante un largo tiempo».

El conflicto entre Gates y Biden tenía una larga historia. En 1991, cuando Gates fue nominado para ser director de la CIA, Biden votó en contra de su nombramiento bajo el argumento de que Gates había sido el principal Kremlinólogo de la CIA y no logró anticipar la caída de la Unión Soviética. Décadas después, cuando Gates fue confirmado como secretario de Defensa, Biden no emitió su voto. Al referirse a los errores de Biden «a lo largo de cuatro décadas», Gates hizo eco de un tropo conservador producido para la campaña presidencial de 2008, cuando los republicanos buscaron contrarrestar las críticas a la falta de experiencia de Sarah Palin en términos de política exterior. (No existe evidencia de que Biden se haya expresado de forma positiva sobre la caída del Shah).

En una de nuestras entrevistas, Biden mencionó el libro de Gates. «Gates se molesta porque cuestioné a los militares. Pues, creo hoy, como creía entonces, que Washington y Jefferson tenían toda la razón: la guerra es demasiado importante como para dejársela a los generales. ¡No es su decisión! Su trabajo es ejecutar. Así que creo que han visto a un presidente que respalda a su milicia y es leal con ella, pero entiende que él es el comandante en jefe». En ese momento comencé a hablar, pero Biden me interrumpió: «No puedo esperar —sea en una campaña presidencial o cuando me vaya de aquí— a debatir con Bob Gates. Dios mío».

Le pregunté qué opinaba de las críticas específicas de Gates. Llamó a Gates «un tipo en verdad decente» y luego se lanzó contra él: «Bob Gates es republicano, con una visión de la política exterior que es, de varias formas fundamentales, diferente de la mía. ¡Bob Gates se ha equivocado en todo! ¡Se equivocó en los consejos que le dio al presidente Reagan sobre cómo lidiar con Mijaíl Gorbachov! Le dijo que no era real. Gracias a Dios, el presidente no le hizo caso. Bob Gates estaba equivocado en el problema de los Balcanes. Bob Gates estaba equivocado en cuanto a los bombardeos de la OTAN ahí. Bob Gates estaba equivocado sobre la guerra de Vietnam, por Dios. Si miras atrás, no puedo pensar en nada, en los últimos cuarenta años, no se me ocurren grandes decisiones fundamentales respecto de la política exterior en las que Bob Gates haya tenido razón».

El tenor de la disputa entre Biden y Gates sorprendió a algunas personas que los conocen. Cuando le pregunté a Richard Haass, presidente del Consejo de Relaciones Exteriores, sobre la valoración de Gates sobre Biden, me respondió: «Bob Gates es un buen amigo. Hemos trabajado juntos en el gobierno varias veces, pero esa es una de las áreas en las que estoy en desacuerdo con él. Nadie tiene la razón 100% de las veces, pero tampoco conozco a nadie que la tenga 0% de las veces. Joe ha tenido aciertos y ha tenido errores, como todos

nosotros». Panetta, quien también trabajó junto a Gates y
Biden, dijo que ambos solían enfrentarse durante los debates
que Obama organizaba para ventilar todos los desacuerdos.
Con el tiempo —externó Panetta— los cuestionamientos de
Biden sobre las presunciones de Gates terminaron por alienar
a Gates. «Lo carcomían», aseguró.

De vuelta en el Air Force Two para el vuelo de regreso a
casa, Biden se aflojó la corbata y pidió una taza de café. Antes de salir de Kiev, había improvisado un puyazo hacia la
promesa rusa de reducir las tensiones: «Dejen de hablar y co-
miencen a actuar». En Nueva York, el senador John McCain
escuchó aquello y agregó: «¿O si no qué?», una crítica hacia
la administración de Obama por no actuar con más fuerza
frente a Rusia.

Los oficiales ucranianos habían buscado la ayuda militar
de Estados Unidos, pero Biden les había indicado que dicha
ayuda sería mínima o casi inexistente. Así me lo explicó: «Ya
no pensamos en los mismos términos que en la Guerra Fría,
por varias razones. Para empezar, nadie es nuestro igual; nadie se nos acerca. Fuera de estar tan loco como para apretar un
botón, no hay nada que Putin pueda hacer en lo militar para
alterar de forma significativa los intereses estadounidenses».
Los ucranianos no estaban complacidos. Un funcionario de
alto rango de la administración observó: «Lo que pude leer en
sus caras fue "Dios santo"».

Biden estaba decidido a no permitir que Estados Unidos
fuera arrastrado a un conflicto regional; no se hacía ilusiones
sobre las intenciones de Putin. Seguía alarmado, más de una

década después, por la pésima lectura de George W. Bush
en 2001, cuando dijo que Putin era «derecho y confiable».
Bush dijo que logró hacerse «de una idea de su alma; es un
hombre muy comprometido con su país y los intereses de su
país». Biden recordó haber visitado a Putin en el Kremlin en
2011: «Tenía un intérprete y, cuando me estaba mostrando
su oficina, le dije: "Qué increíble lo que el capitalismo puede
lograr, ¿no? ¡Una oficina esplendorosa!". Y se rio. Cuando me di
vuelta, estábamos así de cerca», se puso una mano a un par
de centímetros de la nariz. «Le dije: "Señor primer ministro,
lo estoy mirando a los ojos y no creo que usted tenga alma"».

«¿En verdad?», pregunté. Me parecía más un diálogo de
película que de la vida real.

«Por supuesto que sí», respondió Biden, y continuó. «Él
me miró, sonrió y dijo: "Nos entendemos"». Se recargó en su
asiento y exclamó: «¡Ese es Putin!».

Ese verano, conseguí ser la sombra de Biden en algunas reuniones. Una tarde, cruzó la franja de asfalto entre el Ala Oeste
y el Edificio de Oficinas Ejecutivas Eisenhower, que alberga
su llamada Oficina Ceremonial, usada para grupos demasiado
grandes para el espacio que tiene en la Casa Blanca. Mientras
subíamos la escalera, hablamos del perfil que Richard Ben
Cramer hizo de él en *What It Takes*. Biden había estado un
tanto perturbado por el afectuoso pero devastador retrato
de su ascenso y caída en la campaña de 1988. (Cramer enfatizó el
«asombroso tamaño de sus pantalones… más pantalones que
sentido común»). «Es vergonzoso cuando alguien te muestra

una parte de ti que no conocías», admitió Biden. Sin embargo, cuando Cramer falleció en 2013, Biden dio un panegírico. Llegamos a la cima de la escalera y Biden, casi sin aliento, se detuvo a pensar en por qué el retrato de Cramer le había afectado. «Usó una palabra… Dijo: "Biden nunca hace nada a menos que pueda *verlo*". Y tenía toda la razón; nunca hago nada que no pueda ver».

La crisis en Ucrania se había complicado hasta llegar a un amargo punto muerto. Miembros de la administración de Obama volvieron la mirada con cautela hacia los tantos otros problemas de política exterior que tenían enfrente. En la Oficina Ceremonial de Biden, dos docenas de visitantes se sentaron alrededor de una larga mesa, listos para discutir sobre Chipre, que ha estado dividido desde 1974, cuando Turquía invadió la isla para evitar que se unificara con Grecia. Ahora Chipre quería la ayuda de Estados Unidos para resolver el *impasse* y para acceder a sus depósitos de petróleo y gas. Para finales de mayo, Biden se había convertido en el visitante oficial estadounidense de más alto rango en Chipre desde el vicepresidente Lyndon B. Johnson, en 1962. Sus invitados esa tarde en la Oficina Ceremonial eran líderes griego-estadounidenses a quienes tenía años de conocer. Uno de ellos le dijo a Biden que se veía muy delgado. «¡Eso intento! Ya estoy en ochenta kilos y listo para pelear», exclamó. Esa era la más reciente de una creciente lista de insinuaciones sobre una posible campaña presidencial en 2016.

Durante la reunión, Biden estaba funcionando a todo vapor: dio una animosa reseña de su viaje, hizo dramatizaciones de sus reuniones, murmuró entre dientes, echó las manos al cielo, juró encontrar una resolución para un conflicto que se había prolongado «¡más de cuarenta años, caramba!». Comenzó a sudar y se arrancó el saco. Se suponía que Biden tenía que dejar la reunión después de media hora, así que uno de sus asistentes, encargado de su agenda, le entregó una nota en un pedazo de papel. Biden la leyó y siguió hablando. Pasaron treinta minutos más. Su asistente le dio vuelta a la mesa para quedar en su campo de visión. Finalmente, tras 64 minutos, de los cuales él habló durante 55, Biden anunció que debía volver a Ucrania, esta vez para asistir a la inauguración presidencial. Un miembro del grupo, Andy Manatos, cabildero griego-estadounidense, le agradeció por su atención a Chipre diciendo que esa era «quizá la primera vez en cuarenta años que confiamos en el rumbo que la administración quiere tomar en esto». Al salir, Manatos se detuvo y me preguntó: «¿Has oído hablar de la famosa forma de tratar de Lyndon B. Johnson? Esta fue la forma de tratar de Biden».

Cuando Biden llamaba desde la Casa Blanca a gente que conocía, en ocasiones se saltaba a la operadora; llamaba de forma directa y los tomaba desprevenidos. En las llamadas formales con jefes de Estado se apegaba al protocolo, pero siempre intentaba incluir algo de conversación amigable: nietos, comida, clima. Ese verano, los registros telefónicos de la Casa Blanca mostraron que Biden había hecho más llamadas a Irak —64, para ser exactos— que a cualquier otro país. A lo largo del gobierno de Obama, Irak fue una de las preocupaciones principales de Biden.

Durante sus años en el Senado, Biden nunca tuvo una postura uniforme con respecto al uso de la fuerza. En 1991 votó
en contra de la Guerra del Golfo, pero en 1993 defendió el
bombardeo de la OTAN en los Balcanes para detener la masacre
de los bosnios a manos de los serbios, uno de sus momentos de
mayor orgullo. En 2002, en la antesala de la guerra en Irak,
buscó pasar una resolución que le habría permitido a Bush tomar las armas de destrucción masiva de Irak, pero no deponer
a Saddam Hussein. La resolución fracasó, y Biden votó por la
guerra, una decisión de la que se arrepentiría.

Biden nunca tuvo demasiada confianza en la coherencia
política de Irak. En la primavera de 2006, terminó sentado
junto a Leslie Gelb, exdirector del Consejo de Relaciones Exteriores, en un vuelo de Nueva York a Washington. El vuelo
se retrasó, explicó Gelb, y «hablamos y hablamos durante
tres horas, solo de Irak». Forjaron una idea para un sistema
federal que incorporara tres regiones semiautónomas para los
sunitas, los chiitas y los curdos, basada en parte en la experiencia de Biden con la división de Bosnia. Publicaron su
idea en el *New York Times* en mayo de 2006. «Recibió mucha
atención… casi toda negativa», recordó Gelb. Los comentaristas de política exterior dijeron que algo así llevaría a la
desintegración de Irak o, peor aún, a una limpieza étnica. «Lo
observé todo con mucho interés para ver cuál sería la reacción
de Joe», comentó Gelb. «Bajo ese tipo de presión, con todo
el mundo diciéndote "Estás equivocado", los políticos suelen
salir corriendo. Biden no lo hizo. No corrió ni un centíme-
tro». (Después le pregunté a Michael O'Hanlon, experto en

política exterior de la Brookings Institution, qué opinaba de la propuesta del sistema federal. Me contestó: «No es una idea descabellada; nunca lo fue. Aún es posible que ese sea el último recurso»).

Poco después de las elecciones de 2008, Rahm Emanuel, recién designado jefe de personal, se reunió con Obama para distribuir responsabilidades dentro de la administración, en particular el delicado asunto de la tambaleante guerra en Irak. «Necesitábamos a alguien que fuera leal hasta la médula con su voto», me explicó Emanuel, «que no estuviera buscando gloria para sí y que conociera a todas las distintas facciones, no solo en nuestro gobierno, también en el iraquí. Alguien con acceso sin filtros a la Oficina Oval». Biden cumplía con los requisitos. En una reunión de seguridad nacional llevada a cabo en junio de 2009, Obama volteó hacia donde estaba Biden y, sin pompa ni circunstancia, dijo: «Joe, tú encárgate de Irak». Para los críticos de la administración, que Obama le delegara Irak a Biden era una señal de cuál consideraba que era la «guerra tonta» (en contraste con la «guerra buena» en Afganistán).

Tres años después de haber propuesto un plan que le habría dado a Irak una mayor autonomía regional, Biden estaba ahora encargado de mantener al país unido. Para ese fin, apoyó al gobierno encabezado por el primer ministro Nuri al-Maliki; le pidió a uno de sus rivales, Ayad Allawi, que dejara sus intenciones de convertirse en primer ministro y aceptara una posición menor en el gobierno. A pesar de las crecientes preocupaciones entre los diplomáticos estadounidenses y sus aliados de la región de que el primer ministro iraquí se tornaba en una figura cada vez más sectaria y despótica, Biden consideraba que Al-Maliki era la única opción viable. Apeló a su creencia en el poder de los intereses racionales como ingrediente político. Panetta declaró al respecto: «Recuerdo que Joe le dijo a Al-Maliki algo así: "Esto favorece a tus intereses políticos. ¿Quieres gobernar el país? ¿Quieres pasar a la historia como alguien que pudo salvar a su país? Esto va a ser crucial para tu legado"».

Biden se mantenía optimista; predijo que un gobierno estable y representativo en Bagdad «sería uno de los grandes logros de esta administración», según sus palabras en 2010. Predijo que Al-Maliki firmaría un Acuerdo sobre el Estado de las Fuerzas (SOFA, por sus siglas en inglés), que permitiría que un contingente de tropas estadounidenses se mantuviera en Irak. «Les apuesto mi vicepresidencia a que Al-Maliki va a firmar para extender el SOFA», les aseguró, según reportes, a otros funcionarios de la administración durante una videoconferencia. Sin embargo, la confianza de Biden resultó estar errada. En 2011, Al-Maliki hizo caso omiso de las peticiones estadounidenses, y Estados Unidos dejó su esfuerzo por mantener a sus fuerzas en Irak. En diciembre, Biden visitó Bagdad para marcar la retirada estadounidense del país. Llamó a Obama y le agradeció «por darme la oportunidad de terminar esta maldita guerra». Aquella bravata fue prematura.

En junio de 2014, visité a Biden en su oficina en el Ala Oeste. Menos de tres años después de que pronunciara el fin de aquella maldita guerra, militantes sunitas que se hacían llamar ISIS —el Estado Islámico de Irak y el Levante— tomaron el control de Mosul, la segunda ciudad más grande del país, y Obama se preparaba para mandar las primeras miles de tropas de vuelta a Irak. La frontera entre Irak y Siria estaba colapsando, y dos guerras que alguna vez fueron distintas comenzaban a fundirse.

En mangas de camisa, Biden se dejó caer sobre un sofá azul frente a su escritorio y exhaló de forma dramática y con hastío. Durante años, una mezcla de críticos tanto de la izquierda como de la derecha habían presionado a la administración para que diera pasos más firmes en Siria, para salvar vidas o para detener el caos estratégico que comenzaba a esparcirse por la región. Le pregunté si Estados Unidos podría haber hecho algo distinto en Siria. Biden no dijo nada durante quince segundos. Al fin, respondió: «Sí, tal vez». En 2012, la Casa Blanca rechazó un plan respaldado por la CIA para armar a rebeldes moderados, por miedo a que acercara a Estados Unidos al conflicto y pusiera armas en las manos equivocadas. Después de que se supiera que el presidente sirio Bashar al-Ásad había utilizado armas químicas en junio de 2013, Obama autorizó la operación. La meta de Estados Unidos, según Biden, era deponer a Al-Ásad sin desatar una guerra civil sectaria. Sin embargo, reconoció: «No pensaba y no creía que nuestros aliados estuvieran en la misma frecuencia». Los líderes de Catar, Arabia Saudita y otras potencias regionales estaban armando a yihadistas sunitas a los que Estados Unidos no estaba dispuesto a apoyar. «Me parecía de vital importancia que los catarís, los emiratís, los saudís y los turcos decidieran quiénes eran los débiles», señaló. «¿A quién íbamos a apoyar? ¿Estábamos comprometidos a dejar un gobierno intacto con quien se pudiera reconstruir para no terminar con un país dividido?».

Biden recordó una conversación con el emir de Catar, mientras desayunaba una mañana de abril de 2013. «No pueden seguir financiando a los islamistas más radicales de allá». El vicepresidente creía que las potencias extranjeras estaban transformando el conflicto en una especie de guerra sustituta entre sunitas y chiitas. «No puedes mandarle decenas de millones de dólares a Al Nusra [un grupo terrorista] y decir "Estamos en la misma frecuencia", porque eso no va a acabar bien». Biden se reclinó en su asiento y continuó: «En la medida en la que era posible que terminara bien, relativamente pronto, estaba la incapacidad de lograr alcanzar un consenso».

Antes de que pudiera preguntarle a Biden qué había llevado a ese momento, defendió su trayectoria argumentando en contra del uso de la fuerza. «Mira, algo de lo que estoy seguro es que esto no tiene que ver con que tengamos treinta mil tropas ahí, o si tenemos sesenta o diez». Enseguida hizo una comparación con el caso de Afganistán: «A ambos países, saliendo de circunstancias muy complicadas, les dimos una oportunidad. Les ofrecimos tiempo y espacio». Se mostraba pesimista con respecto al caos desbordado en Siria e Irak, pero mantenía la creencia de que Estados Unidos se equivocaría si intentara someter u obligar a las partes a llegar a un acuerdo. «Sin importar los cientos de horas que otras personas y yo pasamos con sus líderes, ellos no resolvieron el problema central: ¿cómo diablos van a vivir juntos? Si eso no se resuelve, de nada sirve que nosotros nos quedemos ahí».

Pocos comandantes y diplomáticos lamentaron el fin de la extenuante ocupación estadounidense, pero algunos criticaron a Biden por poner demasiada de su fe en Al-Maliki, o por no hacer un mayor esfuerzo por dejar una fuerza ahí, que habría preservado la influencia estadounidense, y mantener vigilado el proyecto sectario de Al-Maliki. Cuando Biden y yo hablamos sobre Irak, él había conversado con Al-Maliki un día antes, y ya había dejado de tomarse la molestia de expresar su confianza en él: «La buena y la mala noticia es que todo esto pasó en un momento propicio; están en la fase de formación de gobierno, y lo que bien podrías ver entre los chiitas es una decisión que, tal vez, diga que Al-Maliki no es el indicado». Biden expresó solo una ambición limitada por alcanzar una resolución en Irak. «No podemos querer unidad y coherencia, por más que nos convenga sobremanera, más de lo que ellos lo quieren».

Ese verano, conforme el gobierno de Bagdad se sumergía más y más en la disfuncionalidad, la vieja idea de Biden de un Irak federal descentralizado pasó de ser una propuesta radical a convertirse en un contundente reconocimiento de la realidad. Stratfor, la empresa de análisis de inteligencia, predijo que Irak «se comportará con el tiempo básicamente como una confederación». Nadie estaba fingiendo que ese fuera un resultado deseable. Zalmay Khalilzad y Kenneth Pollack, expertos en Irak del Centro de Estudios Estratégicos e Internacionales de la

Brookings Institution, la llamaron «la mejor, o quizá solo la menos peor» de las opciones por el momento.

Mientras Biden entraba al último trimestre de la presidencia de Obama, la química en la Casa Blanca estaba cambiando. Tras casi cuatro años como secretaria de Estado, Hillary Clinton dejó el cargo en 2013; había llevado una agenda de viajes extenuante, visitando más países que cualquier otra persona que hubiera ocupado el puesto, y sufrió una conmoción cerebral y una trombosis que la obligaron a parar por un mes. John Kerry fue su sucesor. Kerry tenía una buena relación con Biden, pero sus habilidades y experiencia se traslapaban, lo que hacía que Biden fuera menos necesario en asuntos de política exterior. Contrario a Clinton, Kerry llegó al puesto tras décadas de experiencia en política exterior en el Senado, y, al igual que Biden, tenía largas relaciones con jefes de Estado en todo el mundo. Además, las conversaciones sobre la elección de 2016 comenzaban a hacerse presentes. Biden se enorgullecía de sus contribuciones a la administración: una voz a favor de terminar dos guerras, sin importar qué tan resueltas o no estuvieran para entones; sus intentos por considerar a un Congreso disfuncional; sus muestras de apoyo para la comunidad LGBT, aun costándole su relación con los asesores políticos de Obama. Sabía que su visión sobre su propio legado sería disputada; Bob Gates fue solo el primero en entrar al ruedo.

Conforme se acercaba el final de una de nuestras entrevistas, Biden se expresó sobre la vicepresidencia: «Más allá de todas las dudas que tuve sobre tomar el puesto, es lo más provechoso que he hecho en mi vida». Se levantó, se puso un saco azul marino y sacó los puños de la camisa por debajo de la manga. Tenía que ir a una reunión de seguridad nacional. Biden sabía que otros —en particular Hillary Clinton— se preguntaban por sus intenciones en torno a la campaña presidencial, pero él no tenía apuro para hacerlas públicas. Cuando le pregunté al respecto, enunció las negativas rutinarias y dijo: «Puedo morir feliz sin ser presidente».

Llamé a uno de los amigos de Biden para que me diera su opinión. Se rio. «Tengo seis años diciendo que, si no crees que Joe Biden tiene pensado competir en 2016, no conoces a Joe Biden».

CAPÍTULO 6

Afortunados y desafortunados

CUANDO BIDEN aceptó ser el candidato vicepresidencial en 2008, le dijo a Obama: «Tengo 65 años; no tendrás que preocuparte por mis ambiciones presidenciales». Si Obama ocupaba el puesto durante los dos cuatrienios y Biden lo sucedía, habría sido el presidente más viejo de la historia.

Sin embargo, para 2011 había comenzado a reconsiderar la idea; empezó a realizar sesiones de estrategia en el Observatorio Naval, la residencia oficial del vicepresidente, con su familia y asesores políticos de muchos años: Ted Kaufman, Ron Klain, entre otros. La primera vez que le pregunté a Biden al respecto, a principios de 2014, me dio las negaciones de rutina: «Mi trabajo se trata del presidente. Sé que suena tonto, pero lo digo en serio. Tengo una responsabilidad, solo una: apoyar a este hombre, a quien admiro una enormidad, a terminar su mandato cumpliendo con un proyecto que comparto y en el que creo». Cuando insistí, respondió: «En algún momento, entre un día y seis u ocho meses después de las elecciones intermedias», en el otoño de 2014, «el tema será si estaré en la contienda o no».

La verdad era que Biden ya se estaba enfrentando a un predicamento que era todo menos inusual en la política estadounidense; en los últimos cincuenta años, todos los vicepresidentes en ejercicio que habían buscado la presidencia consiguieron la candidatura de su partido. Sin embargo, incluso un año antes de que Hillary Clinton anunciara su candidatura de manera formal, Biden ya estaba más de cincuenta puntos por detrás de ella en las encuestas. Si Hillary decidía no contender, o si tenía algún tropiezo en el camino, Biden podía dar un paso al frente. Pero por el momento estaba en el limbo, buscando formas de mantenerse vigente, de ayudar a su presidente y de pulir su legado.

Cuando hablé con él sobre la decisión de retirarse o volver a buscar la presidencia, mencionó a su padre: «Cometí un error al animarlo a retirarse. Creo que, siempre y cuando sientas que puedes hacerlo y tengas la salud…». Entonces cambió un poco la tonada: «De hecho tuve una discusión con Barack. Le dije: "Mira, no voy a hacer como Al [Gore], yendo al cumpleaños de todo el mundo en Iowa". No voy a hacer eso, pero ¿sabes? Aún no me decido a dejar de contender».

Más de un año antes de las elecciones primarias de Iowa de 2016, el panorama para Biden no era alentador. A pesar de que era un visitante frecuente en Carolina del Sur (donde ocurriría la tercera primaria), una encuesta de 2012 reveló que casi un tercio de los entrevistados no pudieron nombrar al vicepresidente actual. Y, sin embargo, como estrategia a corto plazo, los rumores sobre la posible candidatura de Biden le venían bien. Un vicepresidente que buscaba activamente la presidencia era un distractor. En cambio, Biden estaba evitando ser descartado del todo al alimentar la especulación sobre su posible decisión de complicar la candidatura de Clinton. Aun si Biden no veía una ruta viable hacia la nominación, dejar la posibilidad sobre la mesa lo mantenía en el panorama. Uno de sus asistentes me dijo que Biden se veía a sí mismo como «el tiburón que necesita seguir nadando para mantenerse con vida». Dennis Toner, quien trabajó en el equipo de Biden durante más de treinta años, lo puso en términos menos funestos: «Tu vida entera se ha tratado de esto. Entonces, ¿cómo puedes dejarlo en este momento?».

Mientras más tiempo pasaba con Biden, más notaba la frecuencia con que volvía al tema del respeto: en su infancia, en las dificultades que atravesó su padre, en las antiguas ofensas y cortesías que vivió en su ascenso político. El respeto es un elemento permanente en la psicología política (en un episodio de *Veep*, Julia Louis-Dreyfus está explicando su importancia —«¿Conoces la canción de Aretha Franklin?»— antes de estrellarse contra una puerta de cristal), pero las sensibilidades de clase de Biden lo elevaban a una posición sagrada. Concluí que, para él, buscar la presidencia era menos importante que confirmar que la gente le daba el respeto de tomarlo en serio.

Biden y Hillary Clinton tenían una amistad que databa de la campaña presidencial de su esposo, en 1992. A ella le gustaba decir que Biden le recordaba a su esposo: dos luchadores campechanos con la política en la sangre. Cuando ella llegó al Senado, Biden y Clinton compartieron varios viajes en el

tren de Amtrak. Después de que Clinton diera un apasionado discurso apoyando a Obama y a Biden en la Convención
Nacional Demócrata de 2008, Biden la buscó tras bambalinas,
se puso de rodillas en señal de gratitud y le besó la mano.
Luego apoyó con entusiasmo su nominación como secretaria
de Estado. En la administración, difirieron de manera clara en
cuanto al uso de la fuerza militar estadounidense; ella favore-
cía una nueva incursión en Afganistán, una misión para deponer a Gadafi y la redada en contra de Bin Laden, mientras que
él se opuso a las tres. Sin embargo, mantuvieron una cita para
desayunar todos los martes en la residencia vicepresidencial,
sin sus equipos de trabajo. Biden insistía en salir a recibirla
hasta su auto y acompañarla al pequeño desayunador en el
pórtico. «Siempre un caballero», escribió Clinton en *Hard
Choices*, su recuento de los años que pasó en la administración.
Biden a veces concluía sus llamadas telefónicas con un «Te
adoro, querida».

Era difícil exagerar la ventaja de Clinton. Había sido durante doce años consecutivos la mujer más admirada del país,
según encuestas realizadas por Gallup. (En 2014, Michelle
Obama estaba en el número 3, detrás de Oprah, y empatada
con Sarah Palin). Listo para Hillary, un comité de acción política había recaudado más de 8.3 millones de dólares, más de
dos años antes de la elección. Biden no tenía infraestructura
para recaudar fondos. En un texto de 2014 para *The Atlantic*,
Peter Beinart analizó la inercia de Clinton y concluyó que
«la posibilidad de una candidatura presidencial de Joe Biden
corre el riesgo de convertirse en un chiste». Beinart lamentó el

hecho, argumentando que los contrastes entre Biden y Clinton podrían engendrar un debate productivo sobre la dirección del Partido Demócrata en relación con varios temas, incluyendo «el papel de Estados Unidos en el mundo».

Ed Rendell, exgobernador y funcionario del Partido Demócrata, era amigo de Biden y partidario de Clinton. Esa primavera, le pregunté qué nivel de oposición podía montar Biden ante Clinton. «Ninguna. Todos sus apoyos políticos y económicos están con Hillary. La respuesta que le darían sería: "Joe, te quiero y creo que serías un buen presidente, pero es el momento de Hillary". Joe estaría interponiéndose en el camino de la historia». Sin embargo, si Clinton no se postulaba o tropezaba en el camino, añadió Rendell, Biden atraería más apoyo demócrata de lo que parecería en un principio. «Si Hillary se retirara el martes, llamaría a Joe el miércoles para decirle "Estoy aquí para lo que quieras". Y creo que 60 o 70% de las personas que están con Hillary piensan lo mismo».

Las campañas se mueven en direcciones impredecibles y, ese verano, Clinton hizo una serie de comentarios torpes sobre su riqueza; dijo que su familia estaba «quebrada» cuando salió de la Casa Blanca y que ella y Bill Clinton no estaban «tan bien» en lo económico, aun mientras ella hacía giras por todo el país dando discursos pagados. Biden, por el contrario, había comenzado a hacer comentarios que podrían posicionarlo como una alternativa más progresista, al estilo de Elizabeth Warren. «Estoy completamente en desacuerdo», me informó, «con la mentalidad que surgió en la administración de Clinton sobre la concentración de la riqueza como medio para generar crecimiento económico». La clase media, señaló, estaba «recibiendo una paliza». Y después agregó: «Creo que, con el tiempo, tiene que haber un cambio significativo en las políticas fiscales y recaudatorias». Estaba intentando lograr que esa perspectiva «se insinuara más dentro de la Casa Blanca», según afirmó. Me parecían palabras de rutina, y no escribí al respecto en ese momento. Fue un error. Biden estaba describiendo una división emergente en el Partido Demócrata en torno al grado en que este debía responder a las frustraciones de los votantes de clase obrera, en particular blancos, algunos de los cuales miraron hacia Bernie Sanders…, y otros hacia Trump.

Biden continuó: «Voy a ser franco contigo: el único voto del que me arrepiento en todos mis años en el Senado —y lo hice por lealtad, y no sabía que sería tan malo como resultó— fue el de Glass-Steagall». La derogación de 1999 de la ley Glass-Steagall, que alguna vez separó la banca comercial de la banca de inversión, fue uno de los promotores de la crisis financiera de 2008. (A lo largo de los años, Biden ha expresado su arrepentimiento con respecto a otros votos, incluyendo su apoyo a la invasión de Irak y el endurecimiento de las sentencias por posesión de crack).

En público estaba presentando un discurso de populismo económico que lo colocaba directamente a la izquierda de Clinton. En aquel momento, Sanders estaba aún a meses de entrar a la contienda presidencial, y Biden estaba desarrollando una presentación que le serviría si decidía competir. Le dijo a un público de sindicalistas que Ken Langone, el multimillonario fundador de Home Depot, se había quejado de la crítica del Papa Francisco a la inequidad económica. Biden afirmó respecto de Langone: «Como católico practicante, bendíceme, Padre, porque *él* ha pecado». Les advirtió a los miembros de United Auto Workers que los conservadores habían desatado «una guerra coordinada, a toda voz, bien organizada, bien financiada y bien planeada en contra de la clase obrera».

Mientras Clinton atajaba más preguntas sobre sus ingresos, Biden le decía a una audiencia en Washington que tenía puesto «un traje relativamente caro» a pesar de no tener «ni una sola acción o bono». (Para ser precisos, su familia tenía algunos valores a nombre de su esposa). En Comedy Central, Jon Stewart declaró que aquello era una gran competencia de «Yo soy más pobre».

En su oficina ese día, mientras más hablaba Biden sobre una posible campaña, más se animaba ante la posibilidad de postularse como un populista económico. Se levantó del sofá y escarbó en su escritorio, buscando algo. Poco antes había encontrado su discurso de la convención de 2008 y estaba sorprendido de la cantidad de problemas mencionados ahí que seguían sin resolverse. Lo encontró entre las pilas de papeles de su escritorio y, parado en el centro de su oficina, comenzó a hojearlo. «Hay una frase que uso ahí, digo: "Soy el candidato de los policías, de los bomberos, de las enfermeras, de las maestras y de los trabajadores de las líneas de producción"». Me contó que la gente le pregunta: «Biden, ¿por qué sigues hablando de desigualdad económica y todo eso? Y vuelvo a ver mi discurso: ¡por eso estaba metido en esto!». Me miró, con una enorme sonrisa, todavía de pie. «No hablamos lo suficiente sobre la disparidad de ingresos. No estamos hablando lo suficiente sobre cómo, por el amor de Dios, podemos pensar en un recorte a los impuestos de 5.7 billones de dólares adicionales. ¿Cómo es que podemos seguir diciendo que un impuesto de 20% al interés acumulado es justo? ¿Por qué diablos no estamos hablando de los ingresos ganados en contra de los ingresos no ganados?».

Según la cuenta de Jill Biden, ella había participado en trece campañas políticas para su esposo y su hijastro Beau. Otras personas me habían dicho que los miembros de la familia de Biden estaban renuentes a embarcarse en otra campaña. Cuando le pregunté si pensaba que su esposo volvería a postularse, no pareció vacilar y dijo que verían «cómo evolucionaban las cosas», pero agregó que la vida en un cargo público deja poco tiempo para discutir sobre el futuro. Después de una serie de eventos ocurridos la noche anterior, él me dijo: «Subimos las escaleras y tomamos nuestros informes. Necesitas leer el informe para el día siguiente. Es un estilo de vida. Es algo que nunca dejas. No es solo un trabajo; no es un trabajo que puedas dejar de lado cuando te vas a casa. Lo vives; lo respiras».

Cuando entrevisté a Obama ese verano, mencioné que había alabado los atributos de Clinton como potencial presidente y le pregunté qué pensaba de las posibilidades de Biden. «Creo que Joe sería un extraordinario presidente», respondió Obama. «Ha visto el cargo de cerca; sabe qué se necesita. Entiende cómo separar lo más importante de lo menos importante. Tiene una gran facilidad para conectar con la gente. Disfruta de la política y tiene buenas relaciones en Capitol Hill que le vendrían bien». Me encontré con Obama en un momento de particular inquietud. Tras seis años enclaustrado en la Casa Blanca, había comenzado a compararse con un animal enjaulado. Unas horas después de que habláramos, dio un paseo inesperado a Starbucks, diciéndole a los reporteros: «el oso anda suelto». En ese tenor, Obama no podía ocultar su sorpresa al ver que dos de sus amigos estaban dispuestos a someterse a otra campaña presidencial. «Creo que tanto Joe como Hillary ya han logrado mucho en sus vidas. La pregunta es si, en este punto de sus vidas, quieren pasar por el más que indigno proceso de volver a competir en una campaña».

Obama volvió al tema de Biden: «Debes tener ese fuego en el corazón, y esa es una pregunta que solo Joe puede responder». Y añadió: «Mientras tanto, por lo que estoy muy agradecido es porque no ha dejado que esa cuestión afecte nuestra relación ni cómo ha operado como vicepresidente. Sigue siendo extraordinariamente leal. Continúa realizando tareas titánicas que pueden no traerle los más grandes beneficios políticos».

«¿Sabes? Cuando lo envié a Ucrania para la reciente inauguración de Poroshenko, él estuvo ahí, como una figura mundial reconocida, representando la importancia que le damos a la elección ucraniana. Los líderes mundiales pueden transmitirle de forma directa lo que piensan sobre cómo estamos haciendo las cosas, pero eso no necesariamente le está ayudando en Iowa».

Cuando le pregunté a Biden cómo tomaría la decisión de contender por la presidencia, me dijo cuáles eran los factores por considerar: la motivación («¿En verdad creo tener la capacidad para cambiar las cosas que me apasionan?»), las posibilidades («¿Puedo ganar?»), la organización («¿Puedo recaudar mil millones de dólares?») y la familia («Si Jill no está feliz, parecerá una tontería, pero así yo no soy feliz»).

Le pregunté cómo respondería si sus oponentes decían que era demasiado viejo para ser presidente. «Creo que es una pregunta por demás legítima. Y solo diría: "Mírenme y decidan"». Luego agregó: «La forma en que yo mido a alguien, sea en los deportes, dirigiendo una empresa o en la vida, es por cuánta pasión les queda aún. Qué tanto atacan el trabajo, en verdad *atacarlo*». Golpeó una mesa de madera junto al sofá y afirmó: «Sé por experiencia que podría enfermarme. Podría padecer cáncer o tener un infarto. Esa es otra razón por la que mi papá siempre decía: "Nunca discutas con tu esposa por algo que va a pasar dentro de más de un año"».

Fuera de la vista pública, la vida personal de Biden estaba cambiando de una forma que marcaría sus últimos años en la Casa Blanca. En el verano de 2013, a su hijo Beau (Joseph Robinette Biden III), quien era el fiscal general de Delaware y padre de dos hijos, le diagnosticaron glioblastoma, un agresivo cáncer cerebral. Padre e hijo eran inusualmente cercanos; Beau era confidente y discípulo de su padre, e incluso cuando era adolescente tuvo un papel importante en la vida política de su padre, parado lo suficientemente cerca de él durante sus discursos para susurrarle consejos. Richard Ben Cramer, en *What It Takes*, recuerda un evento de la campaña fallida de Biden en 1987. El público estaba tan callado que «podía oírse la lana de los pantalones rozando con el forro de las sillas», escribió Cramer. Mientras seguía perdiendo oyentes, Biden continuó hablando a todo vapor «hasta que Beau, cerca del final, se miró los zapatos y murmuró: "Papá… termina"». Durante años, Biden les dijo a sus amigos que Beau tenía «todas mis mejores cualidades y ninguna de las peores».

Tras el diagnóstico, Beau se sometió a un desgastante régimen de cirugías y tratamientos experimentales. En un libro muy personal sobre esos años, *Promise Me, Dad*, Biden recuerda haberle dicho a Obama que estaba planeando pedir una segunda hipoteca para cubrir los estratosféricos gastos. «No hagas eso», le dijo Obama. «Yo te doy el dinero. Lo tengo. Me lo puedes pagar cuando sea». (Biden nunca aceptó la oferta).

En el camino, hubo momentos de falsa esperanza. Durante una de nuestras entrevistas, tuvo que retirarse un momento para tomar una llamada. Volvió con una sonrisa en la cara y brillo en los ojos. «Acabo de recibir muy buenas noticias familiares», comentó. Le pregunté si quería tomarse un descanso. «Ah, no, es solo que… no sabes lo bien que me siento», respondió.

Más tarde, uno de sus asistentes me explicó que la buena noticia era sobre el progreso del tratamiento de Beau. Pero el optimismo no duró mucho. Beau murió el 30 de mayo de 2015, a los 46 años. Esa noche, Biden escribió en su diario: «Sucedió. Dios mío, mi niño. Mi hermoso niño».

Aquella aflicción fue particularmente profunda para la familia Biden, un clan que se enorgullecía de su feroz solidaridad. Biden hablaba a veces de los suyos en términos antropológicos; «Nosotros los Biden», solía decir. («Nosotros los Biden tenemos personalidades fuertes y vivimos todos cerca», escribió). Cuando llegué a su oficina para entrevistarlo, él parecía estar perdido en sus pensamientos. Era una semana ajetreada —yo estaba ahí para hablar con él de Irak, Ucrania y otros dramas—, pero, cuando le pregunté en qué pensaba, ahí sentado en su escritorio, una enorme sonrisa se le dibujó en el rostro. «¡Una primera comunión, amigo!». Sería ese fin de semana, en Delaware, y Biden iría a casa. «Veo a mi hermana, a muchos de mis contemporáneos y a otros más jóvenes, con hijos que están terminando la universidad, y están dispersos por todo el mundo. He sido muy afortunado». Agregó después: «Todos los domingos, cuando estamos en casa, cenamos. ¿Sabes? Así ha sido desde hace 25 años».

Cuando la noticia de la muerte de Beau comenzó a circular, Obama elogió a Beau por «una vida completa; una vida que importó». En un comentario dirigido a Joe y Jill, agregó: «Los Biden tienen más familia de la que creen». Había algo de cierto en esas palabras. Aun mientras la familia Biden se acercaba al privilegio, sus tragedias, su lucha y su improbable optimismo los hacían destacar como un clan estadounidense más accesible que los Kennedy, los Clinton o los Obama.

Entre los tributos a los Biden, el senador Harry Reid destacó: «Hay una canción, "A Man of Constant Sorrow" [Un hombre de penas constantes], que, si alguna vez fue aplicable a alguien, sería a nuestro amigo Joe Biden». Si bien la intención del comentario fue bondadosa, para la gente cercana a Biden, la analogía no sonaba del todo correcta. Las penas de los Biden, a final de cuentas, eran excepcionales, pero nunca constantes. Ted Kaufman, amigo de Biden, me confió: «Si me preguntan quién es la persona más desafortunada que conozco, a quien le han pasado cosas terribles, diría que es Joe Biden. Si me preguntan quién es la persona más afortunada que conozco, a quien le han ocurrido cosas que solo pueden considerarse increíbles, diría que es Joe Biden».

Durante décadas, Biden tuvo una relación complicada con su conexión pública con el sufrimiento. Mucho tiempo después del accidente en la carretera, hablaba de él solo de forma ocasional; le preocupaba cómo reaccionaría la gente; la vulnerabilidad no iba con el estilo fanfarrón de su generación. Sin embargo, tras la muerte de su hijo, sus colaboradores vieron un cambio. «Lo que pasó con Beau anuló cualquier indicio de arrogancia», me dijo un excolega suyo. «Fue algo casi físico. Podías verlo en cómo se erguía. Ya no era aquel jugador de fútbol americano colegial. Salió de esa experiencia siendo un hombre humilde y decidido».

En el otoño de 2015, Biden apareció en *The Late Show* con Stephen Colbert. Tenían algunas experiencias en común: cuando Colbert era niño, su padre y sus dos hermanos murieron en

un accidente de avión. Antes de la grabación, se encontraron
a solas en los camerinos. «Fue una de las conversaciones más
compactas y conmovedoras que he tenido en mi vida», me
contó Colbert. Durante la entrevista, Biden habló sobre su
duelo tras la muerte de su hijo, esforzándose por mantener
la compostura. Colbert, basado en sus propias experiencias,
encontró un propósito en exhibir ese dolor en público. «Muy
pocas personas quieren acercarse al dolor, y no solo al propio,
sino al dolor de cualquiera», me explicó. «Creo que hay cierta
sensación de que ese dolor es contagioso. Biden no tiene eso.
Él expresa la soledad del dolor y te hace sentir menos solo.
Más allá de todas sus cualidades de hombre de mediados de
siglo, no carga con esa maldición particular de no poder ex-
ternar ninguna debilidad o herida».

La asociación de Biden con el dolor y la resiliencia en ocasiones lo pone más allá de los límites habituales de la política
transaccional. «La gente se le acerca y es de lo único que quieren hablar: "¿Cómo lo sobrellevaste?"», dijo Mike Donilon,
su jefe de estrategia. Cuando Biden y Obama recorrían las
barricadas saludando gente, Biden a veces tardaba tanto que
alguien tenía que reiniciar la música. Reporteros y operativos
bromeaban con que ese era el viejo y desgastado acto de Biden:
posar demasiado para las fotografías y parlotear sobre su equipo favorito, los Phillies. La gente que ha trabajado con él lo
describe de forma distinta: «La música ruge a todo volumen,
la gente pide a gritos una *selfie*, alguien del staff lo empuja para
que avance, pero él se detiene», explicó Donilon. «Se queda
ahí y *habla* con la persona».

Los años en los que Biden estuvo lidiando con el deterioro físico de Beau, su otro hijo, Hunter, estaba en una crisis de otra índole. Durante décadas, Hunter había luchado con una adicción a las drogas y al alcohol a la que alguna vez llamó «un túnel sin fin». En febrero de 2014 fue dado de baja de las Reservas de la Marina por dar positivo por cocaína. Su matrimonio se desmoronaba y después tuvo una breve relación con la viuda de Beau. En el camino, los republicanos ansiosos por minar la candidatura de Biden promovieron la idea, sin fundamento o evidencia, de que Biden había utilizado su poder para ayudar a los negocios de Hunter en China y Ucrania. A lo largo de los años, Hunter había trabajado en un banco, en una empresa de cabildeo y en un fondo de inversión, pero su padre mantuvo su distancia para evitar acusaciones de conflictos de interés.

Dicha distancia se estaba volviendo más difícil de mantener. En la primavera de 2014, al mismo tiempo que Biden tenía un papel fundamental en la supervisión de las políticas de Estados Unidos en Ucrania, Hunter se sumó a la junta directiva de Burisma, uno de los productores de gas natural más grandes de Ucrania. Su decisión de aceptar el puesto molestó a varios miembros de la administración de Obama; su posición no afectaba las políticas del gobierno, insistieron, pero no era una buena imagen. Durante varios años, Hunter entró y salió de tratamiento por su abuso de sustancias, a la vez que lamentaba la pérdida de su hermano y buscaba oportunidades de negocios. Después de que chocara un auto rentado en Arizona, un trabajador encontró una pipa de crack y la placa de fiscal general de Beau Biden en el tablero. Hunter le diría después a Adam Entous de *The New Yorker* que su padre discutió sobre Burisma con él una sola vez: «Papá me dijo: "Espero que sepas lo que estás haciendo", y yo le contesté que sí lo sabía». (Hunter después se disculpó con él y dijo públicamente que haberse integrado a la junta directiva fue «una mala decisión». Juró que no trabajaría para ninguna compañía extranjera si su padre llegaba a la presidencia).

Aun mientras Biden lidiaba con la muerte de Beau y con los problemas de Hunter, en Washington crecía la especulación en torno a una posible campaña presidencial. La gente debatía cómo le iría frente a Hillary Clinton en una disputa por la candidatura del Partido Demócrata. En el análisis general, Clinton tenía varias ventajas: era cinco años menor, muy popular dentro del partido, con una creciente montaña de fondos para su campaña, sin mencionar la posibilidad de hacer historia como la primera mujer en ocupar la presidencia.

Había otro factor importante: era cada vez más evidente para Biden que Obama veía a Clinton como su sucesora natural. Los indicios antes habían sido sutiles. En 2014, en una entrevista de rutina con *This Morning* de CBS, Obama y Biden estaban sentados juntos cuando el periodista Major Garrett preguntó por las elecciones de 2016. Obama llenó de elogios a Biden como «un gran compañero en todo lo que hago». Luego, comenzó a hablar de alguien más: «Sospecho que puede haber otros potenciales candidatos para 2016, quienes han sido buenos amigos y aliados. Tenemos a una extraordinaria secretaria de Estado que hizo un gran trabajo para nosotros, para Joe y para mí». Biden alejó la mirada un instante y luego volvió a mirar al presidente, con una sonrisa forzada. No fue un aval para Hillary Clinton. No fue nada… a menos que lo hubieras visto.

En privado, Obama «estaba interviniendo sutilmente en mi contra, por varias razones», escribió Biden después. Una fuerte disputa interna alejaría la atención del último año de trabajo de su administración, y se corría el riesgo de dividir al partido en facciones que serían más débiles frente a un oponente republicano. Además, escribió con un dejo de molestia, Obama estaba «convencido de que yo no podría vencer a Hillary». Biden se preguntaba si Obama ya le había prometido a Clinton que la apoyaría, pero no quería que eso interfiriera en su relación con él. «Lo entendí y nunca le guardé rencor por ello. Esto se trataba del legado de Barack, y una buena parte de ese legado no estaba aún grabado en piedra».

Sus asesores lo veían de forma distinta. Citaban encuestas que mostraban que Biden tenía índices de favorabilidad superiores a los de varios candidatos de ambos partidos, incluyendo a los republicanos favoritos en aquel momento, Jeb Bush y Marco Rubio. Aunque Biden estaba muy por detrás de Clinton en New Hampshire, la aventajaba en estados clave como Florida, Ohio y Pennsylvania. Además, estaba mejor calificado por los posibles votantes en ámbitos como la honestidad y la empatía. El sorprendente éxito temprano de Bernie Sanders sugería que el discurso de Biden en torno a la inequidad económica y la revitalización de los sindicatos podría encontrar

tracción, pero tendría que moverse deprisa para reclamar ese
territorio.

Para cuando llegó el otoño de 2016, Biden seguía de luto
por su hijo y luchando con la decisión que debía tomar. No
había recaudado dinero, no había contratado a un equipo y
no había creado una estructura de trabajo en los estados. En
una reunión con sus asesores y su familia, Donilon vio el dolor
plasmado en su cara y al fin dijo: «No creo que debas hacerlo». Donilon había sido uno de los más fervorosos proponentes
de que entrara a la contienda. «Creo que habría ganado», me
confió después. «Lo vi esa noche en la residencia vicepresidencial y parecía estar sufriendo demasiado. No podía hacerlo».

Al día siguiente, el 21 de octubre, en el Jardín de las Rosas
de la Casa Blanca, con Jill y Obama a su lado, Biden anunció
que no buscaría la presidencia. Intentó mostrar cierta certeza,
pero su ambivalencia era evidente. «Aunque no seré candidato, no me quedaré callado», afirmó. «Tengo la intención de al-
zar la voz con claridad y fuerza para influir tanto como pueda
en nuestra postura partidista y en nuestro destino como nación». Solo traía unas cuantas anotaciones, hablaba despacio
y con paciencia, para sus estándares, y dirigía los comentarios
no solo al público, sino también a sus colegas de Washington.
Los instó a ponerles fin a «las políticas partidistas divisorias
que están destruyendo al país». Y agregó: «Cuatro años más
de esta batalla encarnizada es más de lo que esta nación puede
soportar».

Parecía ser el final de un sueño de cinco décadas, después
de aquel episodio de entusiasmo juvenil que lo llevó a decirle

a la madre de Neilia que algún día sería presidente de Estados Unidos. Había corrido su última carrera, o al menos eso parecía. Sin embargo, con frecuencia la vida de Biden daba giros impredecibles, y esta vez no sería la excepción.

CAPÍTULO 7

La batalla por el alma

En el verano de 2017, Biden se encontraba prácticamente retirado, recaudaba fondos para investigaciones oncológicas y le decía a cualquiera que estuviera cerca que habría sido capaz de derrotar a Trump.

En agosto de ese año, después de que un grupo de supremacistas blancos marchara con antorchas en Charlottesville, Virginia, Biden no podía creer que Trump refrendara a «las muy buenas personas» de ambos lados del conflicto. «Pensé: "¡Dios! Este tipo va a ser mucho peor de lo que imaginé"», me contó Biden. Había leído *How Democracies Die*, de los politólogos de Harvard Steven Levitsky y Daniel Ziblatt, y le parecía que sus argumentos hacían eco en los encabezados periodísticos. «Mira lo que están haciendo. Mira lo que están diciendo. Y no solo él, sino también sus seguidores y algunos de sus colegas electos», continuó Biden. Las acciones de Trump se aprovechaban del hervidero de ira existente, pensó: «Pero no es algo que esté ocurriendo solo por Trump. Ni siquiera estoy seguro de si él lo dimensiona».

Muchos de los principales oponentes de Biden —en especial Sanders y Warren— estaban llevando campañas abiertamente progresistas: un Green New Deal, Medicare para todos, universidad gratuita, despenalización del cruce ilegal de fronteras. Además, estaban obteniendo apoyo generalizado, sobre todo entre la gente joven. Para el final de esta década, los *millennials* y la generación Z constituirían la mayoría de los votantes estadounidenses empadronados. En 2018 fueron electas al Congreso veinte personas de la generación *millennial*, incluyendo a Alexandria Ocasio-Cortez, una demócrata socialista que apoyaba a Sanders y que hizo rabiar a un poderoso demócrata moderado del Bronx.

No obstante, Biden creía que sus colegas habían pasado por alto una lección crucial de las elecciones intermedias: los republicanos habían perdido 43 distritos en la Cámara a manos de los demócratas, puesto que varios votantes mayores y moderados recularon del partido de Trump. «No ganamos por haber ido tras el oponente, sino gracias a los problemas que subyacían a lo que nuestro oponente respaldaba», me explicó. «Al principio estaban en contra de Obamacare, pero de pronto los oías decir: "Yo nunca dije que hubiera que *desecharlo*"». Según Samuel Popkin, encuestador veterano y autor de *Crackup*, un libro sobre las divisiones dentro del Partido Republicano, Biden tenía la oportunidad de captar antiguos simpatizantes de Trump que estaban hartos. «La bancarrota agraria está prácticamente en su punto más álgido en tres décadas», me contó Popkin. En 2018, Trump voló a Wisconsin para llevar la promesa de su supuesta «octava maravilla del mundo»: la construcción de una fábrica para Foxconn, la empresa taiwanesa de artículos electrónicos. «Pero Foxconn en realidad no construyó nada en Wisconsin».

Durante la planeación de su campaña, Biden se enfocó en plantear reformas que distaban mucho de ser revolucionarias. En lugar de Medicare para todos, su plan era ampliar Obamacare: reducir la edad de elegibilidad de Medicare, de 65 a 60 años, y agregar una «opción pública» (una idea que hace una década era radical, pero bajo los nuevos estándares es bastante conservadora). Su equipo de campaña citó encuestas que revelaban que la mayoría de los potenciales votantes demócratas en las primarias se identificaban como moderados o conservadores, y que más de la mitad superaba los 50 años de edad. «La juventud de izquierda es importante», argumentó Anita Dunn, una de las principales asesoras de Biden. «Pero también lo es la gente blanca de más de 65, porque fueron ellos quienes le concedieron la elección a Trump la vez pasada».

La candidatura de Biden se basaba en la apuesta de que, cuando el péndulo de la historia se alejara de Trump, tendería hacia la experiencia y el avance gradual, más que hacia la juventud y el fervor progresista. Biden buscaba persuadir al pueblo estadounidense de que su experiencia de vida como persona de clase obrera y sus sufrimientos y pérdidas personales superaban sus desventajas. De una forma extrañísima, Trump ya había sido testigo de la potencial fuerza de la candidatura de Biden. Desde 2018, conservadores como Rudolph Giuliani —entonces abogado personal de Trump— habían intentado dirigir la atención mediática hacia la que Giuliani llamaba

«la supuesta conspiración ucraniana», la cual acusaba a Biden
—sin evidencia alguna— de haber despedido al fiscal general
de Ucrania para interferir en las investigaciones sobre Hunter
y la empresa gasífera Burisma. En julio de 2019, durante una
llamada con el líder ucraniano Volodímir Zelenski que luego
saldría a la luz, Trump le pidió que «nos hiciera un favor»
e investigara a la familia Biden. Después de que un infor-
mante diera a conocer los contenidos de aquella llamada, en
diciembre Trump pasó a ser el tercer presidente de la historia
de Estados Unidos en ser sometido a juicio político por parte de
la Cámara de Representantes. Trump, quien sostenía que su
comportamiento había sido «impecable», fue absuelto por
la mayoría republicana del Senado. Mientras tanto, Biden
quedó desconcertado por aquel episodio que esperaba que
fuera un reflejo tanto de la fragilidad de Trump como de sus
propias posibilidades electorales. «Él decidió que no quería
que yo fuera candidato», me dijo Biden.

En la primavera de 2019, justo antes de que Biden anunciara
su candidatura, repentinamente tuvo que confrontar un episodio de su pasado, así como la amplia brecha de sensibilidades entre generaciones. Lucy Flores, exlegisladora del estado
de Nevada, publicó un recuento de un encuentro público que
tuvo con Biden durante un mitin en Las Vegas, en 2014. Él
le olfateó el cabello, la sostuvo de los hombros y le dio «un
beso intenso y prolongado arriba de la nuca». Durante años,
varios periodistas habían escrito sobre las muestras de afecto
no solicitadas de Biden, como apoyar su frente contra la de

alguna mujer (o la de un hombre), frotar su nariz contra la de alguien más y susurrarle a la gente cosas al oído. Flores, quien pertenece al Partido Demócrata, describió sentir «ira» y «resentimiento». No consideró que el comportamiento de Biden fuera sexual, e incluso lo diferenció de las acusaciones de acoso y conducta inapropiada que más de una veintena de mujeres habían hecho contra Trump en los últimos años (Trump siempre ha negado estas acusaciones). Sin embargo, en palabras de Flores, los hábitos de Biden eran indicio de «falta de empatía hacia las mujeres y las jóvenes cuyo espacio invade». Biden, quien se enorgullecía de tener tacto durante el trato personal con otros políticos, hizo una declaración en la que respondía que «jamás, ni una sola vez, he actuado de una forma que considere inapropiada. Pero, si alguien más sí lo ve así, la escucharé con absoluto respeto. Jamás ha sido mi intención incomodar».

Al menos scis mujeres enunciaron quejas similares. Sin embargo, otras también alzaron la voz para defenderlo, y argumentaron que sacarlo de la competencia contra Trump, quien se ufanaba de agarrarles los genitales a las mujeres, sería un acto de absolutismo mal encaminado. Biden escribió en un tuit: «He escuchado con atención lo que dicen estas mujeres. Para mí, la política siempre ha sido una cuestión de establecer conexiones, pero a partir de ahora tendré más cuidado de respetar el espacio personal». Más adelante, durante la campaña volvieron a salir a relucir cuestiones de género, luego de que Tara Reade, exempleada del Senado, lo acusara de haberla agredido sexualmente hacía 27 años. Según su recuento, Biden la acorraló contra una pared, en un pasillo del Senado, la manoseó y la penetró con los dedos. El candidato demócrata negó aquella acusación de forma enfática: «Eso jamás ocurrió. Jamás», declaró en MSNBC. Periodistas que ahondaron en la historia de Reade encontraron inconsistencias en sus declaraciones, por lo que el potencial escándalo se difuminó. Aun así, algunos demócratas seguían reticentes: Biden intentaba ser el abanderado de un partido en donde los progresistas en ascenso repudiaban no solo el abuso y el acoso sexuales, sino también los desequilibrios de poder que permitían que persistieran esos problemas.

En un video de lanzamiento de campaña, emitido en abril, Biden definió su causa como «una batalla por el alma de la nación». «Si le permitimos a Donald Trump pasar ocho años en la Casa Blanca», decía, «cambiará para siempre la esencia y el carácter de esta nación. Cambiará quiénes somos. Y no puedo quedarme cruzado de brazos mientras eso ocurre». Horas después del anuncio de Biden, como para acentuar la retahíla de preguntas que recibiría sobre sus antecedentes, tuvo que confrontar encabezados frescos relacionados con la forma en que manejó la acusación de acoso sexual que hizo Anita Hill contra Clarence Thomas en 1991. Biden había llamado recientemente a Hill para expresarle que lo lamentaba, pero aquella llamada no pareció satisfacerla. «Estaré satisfecha cuando sepa que habrá cambios genuinos y justicia genuina e intenciones genuinas», le dijo Hill a un reportero.

Biden empezó la carrera como favorito, pero no parecía enfocarse ni agarrar ritmo. Durante un debate, se equivocó al hacer una invitación para enviar un mensaje de texto a su equipo de campaña al 30330, y declaró, un tanto perplejo: «Escríbanle a Joe en el 30330». En lugar de atraer donativos, generó una retahíla nocturna de memes en Twitter con frases como «¿Qué onda, chavos? Todavía se dice chavos, ¿verdad?». En los debates, rara vez contraatacaba y a veces cedía la palabra con la desafortunada frase «Se acabó mi turno». A raíz de eso, perdió donadores. Para febrero, su campaña gastaba menos dinero en un mes que Michael Bloomberg en un día promedio. Kate Bedingfield, la directora de comunicaciones de su campaña, tenía dificultades para atraer la atención mediática hacia las ideas políticas de Biden. «Si uso la palabra "alcanzable", lo reproducen como "carente de ambición"», me explicó.

En ocasiones, la desconexión de Biden parecía más profunda que su desempeño tambaleante en los debates o su falta de interés en las redes sociales. Durante una recaudación de fondos en junio de 2019, sacó a colación una anécdota que llevaba años contando sobre haber trabajado con los senadores segregacionistas Herman Talmadge, de Georgia, y James Eastland, de Mississippi. «No estábamos de acuerdo prácticamente en nada», afirmó Biden. «Pero sacábamos adelante las cosas. Las concluíamos. Hoy, en cambio, te asomas al otro lado y ya eres el enemigo». Biden agregó que Eastland «jamás me llamó "muchacho". Siempre me dijo "hijo"».

Uno de sus rivales, el senador Cory Booker, de Nueva Jersey, de inmediato se lo recriminó públicamente: «No se debe bromear con aquello de llamar "muchachos" a los jóvenes negros». Booker me explicó que lo frustrante no era que Biden hubiera trabajado con segregacionistas. «Yo también trabajo con gente que está del otro lado del espectro y que tiene creencias ofensivas y defiende monumentos confederados», me dijo. El problema era que lo ostentara de una forma tan simplista. «En ese momento me quedó claro que Joe Biden no entendía que, cuando a gente como mi padre le decían "muchacho" en el trabajo, le resultaba sumamente humillante», me explicó Booker. Admiraba a Biden, lo cual empeoraba las cosas, según me dijo: «Fue uno de esos momentos de decepción que muchas personas negras hemos experimentado, en el que dices: "¿Tú también?"». Booker estaba saliendo de un estudio de CNN cuando Biden le llamó para disculparse. «Estaba dispuesto a mostrarse muy vulnerable y a poner sus imperfecciones sobre la mesa», me contó Booker. «Llevo mucho tiempo metido en política y sé cuando me están queriendo ver la cara. A él lo he visto cambiar y estar dispuesto a luchar contra estas cosas».

Biden terminó en un distante cuarto lugar en Iowa, y en quinto en New Hampshire. Su equipo de campaña evaluó cuánto dinero se necesitaría para pagarle al personal si cerraban las oficinas. Biden recurrió a su personal de más confianza, promovió a Dunn a jefe de campaña y anunció la promesa de nombrar a una mujer negra por primera vez como miembro de la Suprema Corte. Pero eso no lo hizo subir demasiado en las encuestas. Si quería seguir en la carrera, debía apostarlo todo a Carolina del Sur, donde la población afroamericana votante representa más o menos 60% del electorado demócrata en las primarias.

La persona más influyente en ese proceso era su viejo amigo James Clyburn, el hombre afroamericano de mayor rango en el Congreso y padrino de los demócratas de Carolina del Sur. Durante el movimiento por los derechos civiles, John Lewis y él habían sido parte de los primeros líderes del Comité Coordinador Estudiantil No Violento (SNCC, por sus siglas en inglés). Clyburn tenía posturas claramente progresistas en materia de combate a la pobreza y ampliación de centros de salud comunitaria, pero también creía en inclinarse hacia una posición más céntrica. Al hablar con la gente joven sobre política, le gustaba decir que, conforme el péndulo se mece de derecha a izquierda y luego de regreso, «siempre pasa por el centro». Al comentarle que su centrismo había dejado insatisfechas a las juventudes afroamericanas activistas —como ocurrió recientemente, después de que tuiteara que «no hay que dejar de financiar a la policía»—, Clyborn señaló un montón de figuritas de tortugas que decoraban su oficina y que representaban la creencia en el progreso lento y constante.

Menos de una semana antes de las primarias, Clyburn y Biden asistieron a una recepción a bordo del USS *Yorktown*, un portaaviones retirado que estaba anclado cerca de Charleston. Biden había caído a segundo lugar, muy por debajo de Sanders. Clyburn lo guio a un salón privado y le recomendó tajantemente que reforzara sus estrategias. «Tus discursos son *senatoriales*», le dijo. «Así no se ganan las elecciones». Luego, agregó: «Tienes que abordarlo como mi padre, el predicador fundamentalista, abordaba los domingos por la mañana. Siempre hacía las cosas en grupos de tres. Pero esto no es el Padre, el Hijo y el Espíritu Santo. Esto se trata "de ti, de tu familia y de tu comunidad"».

Su apremio reflejaba un pragmatismo descarado. Quizá Biden no desataba pasiones en Nueva York o Silicon Valley, pero en Carolina del Sur, donde un supremacista blanco había masacrado a varias personas negras en una iglesia después de que Trump anunciara su candidatura, el prospecto de cuatro años más de Trump era más grave que cualquier desacuerdo en materia de políticas públicas. El 26 de febrero, Clyburn le brindó su respaldo público con un discurso emotivo: «Temo por mis hijas y su futuro, y por el futuro de sus hijos, y los hijos de sus hijos». Con Biden a un lado, agregó: «Conocemos a Joe, pero, sobre todo, Joe nos conoce».

Biden ganó en Carolina del Sur por 29 puntos. Con una velocidad extraordinaria, sus rivales fueron abandonando la carrera y brindándole su respaldo público. Los índices de participación se dispararon (casi 50% en Texas y 100% en Virginia), incluyendo a muchos independientes suburbanos con educación universitaria y republicanos que alguna vez apoyaron a candidatos como Mitt Romney. El Supermartes, Biden ganó 10 de 14 estados. Sanders siguió contendiendo, pero, para fines prácticos, la carrera había terminado.

En cuestión de tres días, Biden pasó de estar al borde del olvido a alzarse con la victoria. Fue un giro tan abrupto que

generó desconcierto y suspicacia, sobre todo entre jóvenes ob-
servadores que aseguraban que su campaña estaba destinada
al fracaso. Durante meses, a pesar de que iba por delante en
las encuestas, ellos habían llevado registro de sus pasos y sus
pifias a través de fragmentos de video y publicaciones sobre
lo tibias que eran sus posturas centristas, todo lo cual se había
popularizado en redes sociales. Sus opositores a ambos lados
del espectro político compartían videos en donde a Biden se
le trabaja la lengua como evidencia de que era un viejo senil
y obsoleto. (En un momento dado, el análisis de datos reveló
que Jill Stein, excandidata del Green Party que tenía más de
un cuarto de millón de seguidores en Twitter, había logrado
que el *hashtag* #BidenCognitiveDecline fuera *trending topic*).
Incluso a ojos de quienes no atestiguaban aquellos ataques
en redes sociales, a Biden solían opacarlo rivales más jóvenes,
elocuentes y modernos, como Pete Buttigieg, Kamala Harris
y Amy Klobuchar.

Aquellas críticas nunca habían sido del todo equivocadas.
A fin de cuentas, Biden tenía *más del doble* de la edad de Buttigieg y había empezado su campaña estando fuera de forma
política, después de tres años de dedicarse a su vida privada.
No obstante, las críticas sobre Biden nunca antes habían tenido tanto peso en la opinión pública. Para quienes llevaban
años escuchándolo, no sonaba más incoherente que antes. Sin
embargo, aunque no impresionaba a los periodistas más jóvenes con inclinaciones izquierdistas, ellos no pertenecían a la
cohorte que coronaba a los candidatos demócratas.

En términos políticos, su éxito no solo se lo debió a la
ayuda que le brindó Clyburn, sino también a Warren, quien
se apresuró a desacreditar a Bloomberg al denunciar los comentarios ofensivos que hacía sobre las mujeres. Bloomberg
se incorporó tarde a la carrera, con un discurso ostentosamen-
te centrista, pero nunca encontró la forma de manejar las críticas de Warren y de otros que veían con recelo la idea de que un
millonario financiara su propia injerencia en la competencia.
A pesar de esos factores, Ron Klain, asesor de Biden, aseguró
que era erróneo suponer que aquel giro dramático hubiera sido
casualidad, «como si hubiera llegado hasta ahí por un golpe de
suerte». Klain también dijo que «fue estratégico» que Biden
se negara a ensañarse con sus oponentes en los debates. «Si la
única manera de obtener la nominación hubiera sido destruir
a todas esas personas, Biden habría heredado un partido que
de cualquier forma no habría tenido posibilidad alguna de
ganar la presidencia».

Llevar años cultivando relaciones con demócratas promi-
nentes por fin había rendido frutos, y lo hizo de forma espectacular. Le pregunté a Klobuchar por qué refrendó a Biden
de forma tan inmediata, y ella hizo referencia a momentos
específicos de interacciones pasadas con él, como la ocasión en
la que Biden elogió uno de sus discursos durante su primer
año en el Senado, a pesar de lo nerviosa que estaba, y la llamada
de pésame que le concedió a un amigo de ella después de que
falleciera uno de sus familiares. «Mucha gente siente un pro-
fundo aprecio por Joe Biden y lo conocen bien», me explicó
Klobuchar. «Nuestra misión es derrotar a Donald Trump,

así que pensé: ¿qué es lo mejor que puedo hacer con todo el poder y apoyo que he recibido, en vez de desperdiciarlo en un debate más?», continuó. «Entonces decidí darle públicamente mi respaldo absoluto. Alguien me preguntó: "¿No intentaste negociar las cosas?" Y yo le contesté: "¿Bromeas? Claro que no"».

Otra explicación de su victoria en las primarias es que Biden se benefició del miedo tanto a Donald Trump como a Bernie Sanders. Cuando fue evidente que Biden estaba en una carrera de solo dos personas, la posibilidad de nominar a Sanders les resultaba tan poco atractiva a los moderados —incluyendo a algunos de los candidatos, a votantes afroamericanos de mayor edad en lugares como Carolina del Sur y a donantes pesados— que se apresuraron a respaldar a Biden. Por otra parte, Biden también se distinguió por rechazar el tribalismo; a pesar de que sus rivales decían que era demasiado viejo y conciliador, y que estaba demasiado marcado por su pasado, él se negó a responder con anuncios que atacaran a sus contrincantes. Sus asesores creían que sería capaz de predominar por encima de «las dudas de las malas lenguas», en palabras de Kate Bedingfield, jefa de comunicaciones. «Nos negamos a pasar el día entero intentando ganar la última guerra en Twitter».

El 1º de junio, una semana después del asesinato de George Floyd, caminé de mi casa al centro de Washington, D.C., donde se llevaba a cabo una protesta frente a la Casa Blanca. Después de varias noches de disturbios, la escena había devenido en una manifestación sentada. Los protestantes tomaban turnos para hablar en un megáfono.

Entre carteles hechos a mano, encontré un retrato de Floyd hecho con gran destreza. Lo traía cargando Kandyce Baker, una administradora universitaria de 31 años que había viajado desde Frederick, Maryland, para participar en el mitin. «Tenía que hacer algo», me explicó. A Baker la había conmocionado especialmente la muerte de Ahmaud Arbery, a quien en febrero lo siguieron tres hombres blancos y lo mataron a tiros mientras él trotaba en un suburbio del sur de Georgia. Como maratonista y mujer negra, Baker con frecuencia pasaba por barrios en donde no se sentía bienvenida. Le pregunté sobre sus opiniones políticas presidenciales. «Por desgracia, votaré por Biden», dijo. «Bernie Sanders era mi candidato», continuó. «No creo que Biden vaya a poner los problemas de la población negra en la cima de la lista. No creo que vaya a poner los problemas de los *millennial* en la cima de su lista, en especial las deudas escolares. Estoy muy nerviosa».

Baker planeaba votar, pero su nerviosismo resaltaba el riesgo expresado por otros jóvenes que dudaban de votar siquiera. Para Biden sería un desastre que los jóvenes votantes latinos y negros se negaran a participar en las elecciones. Cuando Hillary Clinton contendió en 2016, la participación de la población afroamericana disminuyó por primera vez en dos décadas; en algunos lugares, como Milwaukee, esta reducción resultó ser crítica. «Votaré por él porque no quiero que Trump siga al mando», reconoció Baker. «Literalmente solo por eso».

Unas cuantas horas después de conocer a Baker, la intersección en la que conversamos se llenó de policías con porras y latas de gas lacrimógeno; habían llegado a dispersar a los manifestantes para que Trump pudiera salir de la Casa Blanca y posar con una Biblia frente a la Iglesia Episcopal de St. John. El evento fue tan criticado por tantos sectores que el general Mark Milley, director de la Junta de Jefes de Estado Mayor, se disculpó públicamente por su presencia. El incidente pareció detonar cambios abruptos en los ánimos nacionales. En cuestión de días, la NFL revirtió su postura frente a los jugadores que se arrodillaban durante el himno nacional. Libreros de todo el país recibieron incontables órdenes de libros sobre racismo e historia afroamericana. Mississippi, por su parte, arrancó el emblema confederado de su bandera.

Biden aprovechó el momento. Durante un discurso que dio el 4 de julio, instó a sus seguidores a «arrancar de raíz el racismo sistémico» que persiste en la nación. Se sumó a los llamados a prohibirles a los policías someter e inmovilizar con fuerza bruta, a adoptar un estándar nacional de uso de la fuerza y a limitar la «inmunidad calificada», que es la protección legal que tienen los funcionarios públicos frente a demandas civiles federales. Los gestos de Biden entusiasmaron a los progresistas, pero enfurecieron a ciertos sectores de la policía. Durante años había mantenido una relación cercana con la Asociación Nacional de Organizaciones Policiacas; después de esto, el director ejecutivo, Bill Johnson, lamentó que «Biden solía ser un tipo firme».

Biden dio un brinco en las encuestas, pero, como de costumbre, tenía la cautela de no inclinarse demasiado hacia la izquierda. Mientras Trump siguiera enfureciendo a los liberales con una campaña que mucha gente consideraba abiertamente racista, Biden decidió que no se arriesgaría a desencantar a los votantes moderados. Trump estaba televisando un comercial en el que aparecía un teléfono sonando en una estación de policía oscura y vacía. El narrador decía: «Si llamas para reportar una violación, presiona 1». El comercial terminaba con el nuevo eslogan de Trump: «No estarás seguro en la América de Biden».

Como la mayoría de los demócratas institucionales, Biden se negaba a «desfinanciar» a la policía, un término amplio para propuestas que van desde abolir ciertos departamentos hasta desviar recursos económicos y destinarlos a salud mental, educación y servicios sociales. No obstante, sí declaró que la policía debía recibir financiamiento federal solo si cumplían con «los estándares básicos de decencia y respeto», y propuso gastar 300 millones de dólares para renovar la antigua idea de la «policía comunitaria». David Kennedy, profesor del John Jay College of Criminal Justice, me dijo que esperaba que Biden adoptara un enfoque nuevo frente a la prevención de la violencia, que no se enfocara solamente en las comunidades, sino también en los individuos con mayor riesgo de involucrarse en crímenes violentos con armas de fuego. Un programa así a nivel nacional «reduciría a la mitad la violencia con armas de fuego que destruye a las minorías en Estados Unidos, sin provocar el daño de la policía convencional», agregó Kennedy.

Al hablar con Biden sobre las posibilidades de cambio real —en materia de encarcelamientos, cuerpos policiales y racismo arraigado—, él hizo una analogía con el movimiento de los derechos civiles y el icónicamente cruel jefe de policía de Birmingham. «Cuando era joven y estaba en preparatoria, Bull Connor mandó a sus perros a perseguir a mujeres afroamericanas mayores que iban de camino a la iglesia con su vestido de domingo y a niñitos, a quienes literalmente les arrancaban la piel con mangueras para incendios», señaló. «Él creía que le estaba clavando una estaca en el corazón al movimiento por los derechos civiles». En vez de eso, esas imágenes de violencia consolidaron el respaldo a Martin Luther King Jr. y obligaron a los líderes blancos en Washington a emprender los pasos necesarios para elaborar la Ley de los Derechos del Votante de 1965. Desde el punto de vista de Biden, los estadounidenses blancos están experimentando un despertar similar, provocado por las horrorosas imágenes de violencia policial capturadas por celulares. Alzó el celular en una mano y agregó: «Este aparato ha cambiado muchas cosas. Ver el rostro de Floyd presionado contra el suelo y la nariz quebrándose… Digo, fue algo tan vívido que te hace pensar: "¡Dios mío! ¿Esto sigue ocurriendo en estos tiempos?"».

Extendió la imagen de esta conciencia naciente a la crisis por el covid-19. «La gente que ha podido confinarse en casa se dio cuenta de que la única forma de ir a la farmacia por medicinas era si alguien ponía las medicinas en el estante. O en el supermercado. O si alguien les llevaba el correo. O si alguien se aseguraba de que la comida llegara hasta su casa. Los servicios de emergencia. Las personas se asoman al mundo y eso es lo que están *viendo*». Conforme el virus se expandió, el impacto se fue volviendo más personal. «Ahora *conocen* gente que ha perdido la vida. Conocen a alguien a quien le dio covid-19. Porque durante los primeros dos meses fue como "Sí, bueno, es terrible, pero todavía no conozco *a nadie* a quien le haya dado"».

Biden agregó que la turbulencia del 2020 había logrado desmantelar un mito muy arraigado en su conciencia. Durante años, relató una parábola sobre la mañana de la toma de protesta de Obama: «Llamé a mis dos hijos y a mi hija, y les dije: "Chicos, no me vuelvan a decir que las cosas nunca cambian"». Se inclinó hacia el frente y me contó cómo Trump expuso la fragilidad de aquella parábola: «Me avergüenza decirlo, pero pensé que podíamos derrotar al odio. No se puede. Solo se esconde», lamentó. «Se mete debajo de las piedras, y luego, cuando le infunde vida cualquiera que tenga un poco de autoridad, sale con las garras en alto. Lo que he observado es que las palabras de un presidente, por más malo que sea, importan. Te pueden llevar a la guerra, pueden traer paz, pueden fortalecer los mercados o hacerlos fracasar. Pero también pueden darle nueva vida al odio».

En el transcurso habitual de una campaña presidencial, los demócratas se inclinan hacia la izquierda en las primarias, y luego hacia la derecha de camino a la elección general. Biden hizo lo contrario. Las encuestas de salida revelaron una realidad riesgosa: hasta en los estados en los que Biden había dominado, muchos votantes preferían planes más ambiciosos en materia de economía y salud pública, como los de Sanders y Warren.

En cuestión de semanas, Biden retomó el plan de Warren de disminuir las deudas estudiantiles y renovar el sistema de bancarrotas, el cual incluía revocar partes de una ley que él había ayudado a aprobar. Adoptó también una versión limitada del plan de Sanders de universidad gratuita y dejó de oponerse al financiamiento federal para la interrupción del embarazo. Casi un año después de asegurarles a los votantes indecisos que «nada cambiaría de forma sustancial», Biden declaró que Estados Unidos estaba listo para «algunos cambios institucionales revolucionarios».

Cuando no quedó duda de que Biden sería el candidato, Sanders le brindó su apoyo público, mucho más rápido de lo que lo hizo en 2016. «Tengo una mejor relación con Joe Biden de la que tenía con Hillary Clinton», explicó Sanders con una sonrisa. Para unificar sus plataformas, Biden y Sanders crearon grupos de trabajo enfocados en justicia penal, economía, educación, salud pública, migración y cambio climático. Estos grupos de trabajo fueron una prueba crucial de si de verdad podían llevarse bien las facciones izquierdistas y centristas del partido. Ambos lados estaban temerosos. «Debía asegurarme de que Bernie era formal y no iba a convertir esto en un yihad ideológico», me explicó Biden. «Yo le dije: "Bernie, si quieres que armemos esto para obligarme a insistir en el Medicare para todos… Las cosas no van a ir por ahí". Pero también le aseguré: "Estoy abierto y te escucho. Estoy listo para escuchar"».

Biden reclutó a Ocasio-Cortez para que dirigiera el grupo de trabajo ambiental junto con el exsecretario de Estado John Kerry. Entre los participantes estaban Varshini Prakash, del grupo ambiental activista juvenil Sunrise Movement, el cual había reprobado el plan ambiental de Biden durante las primarias. Durante la primera reunión, Kerry le pidió a Prakash que tomara la batuta. El contingente de Sanders quería promover que solo hubiera fuentes de energía limpia para 2030; se conformaron con 2035. El principal punto de desacuerdo irresuelto era el *fracking*. Biden se opone al desarrollo de nuevos gaseoductos y oleoductos en tierras y aguas federales; sin embargo, a diferencia de Sanders, no ha defendido la prohibición absoluta del *fracking*. «No salí de ahí con el Green New Deal de Bernie en las manos, pero tampoco esperaba que así fuera», dijo Prakash. «Aunque, de hecho, hubo mucha más colaboración de la que anticipaba».

Sean McElwee, un influyente activista y cofundador de la ONG Data for Progress, criticó ferozmente a Biden al principio de su campaña. Sin embargo, para julio, su opinión había cambiado. «Creo que mucha de la gente que dice mierda del Partido Demócrata no ha pasado mucho tiempo hablando con los actores centrales del ecosistema demócrata», me explicó. «La realidad es que es un ecosistema muy liberal», y agregó: «Creo que la gente debería retroceder para ver bien lo que Biden ha hecho. AOC es alguien que me agrada mucho. Dijo que no votaría por él en las primarias, y que si viviéramos en otro país pertenecerían a partidos políticos diferentes. Y él podría haberla mandado al carajo, pero, en vez de eso, le contestó: "¿Por qué no vienes y me ayudas a redactar mi plan ambiental?"».

En un día hábil de finales de julio, Biden se encontraba en una escuela preescolar en New Castle, Delaware, donde se preparaba para hablar sobre economía. La escuela llevaba meses cerrada por el virus; en el patio de juegos, los columpios estaban enroscados para evitar su uso. Adentro, Biden llevaba a cabo un simulacro de mitin de campaña que parecía más bien una escena de una obra teatral vanguardista: sin multitudes y sin acordonamiento; solo un puñado de reporteros enmascarados y confinados a la circunferencia de un aro de cartón blanco. El sistema de sonido reproducía música de Alicia Keys y Beyoncé para un público silencioso y amontonado.

El cierre económico había producido lo que Jerome Powell, director de la Reserva Federal, denominó «un nivel de dolor imposible de describir con palabras». 40% de los estadounidenses con ingresos bajos que tenía empleo en febrero lo había perdido entre marzo y principios de abril. Doce años después de la última crisis financiera, el virus había vuelto a evidenciar que la autosuficiencia del sector corporativo estadounidense era un mito. Algunos de los pagos más sustanciales contemplados en el paquete de rescate del Congreso para pequeños negocios terminaron en manos del sector financiero, y millones de dólares de recursos para emergencias terminaron en «*family offices*», que son empresas de inversiones personales que administran las fortunas de millonarios dueños de fondos de cobertura y otras personas acaudaladas.

Biden subió a la tarima para anunciar una inversión de 775 000 millones de dólares para el sector de los cuidados, la cual brindaría fondos para educación preescolar universal, cuidado en el hogar para personas ancianas y permisos familiares con goce de sueldo, como se acostumbra en otros países desarrollados. Sin duda alguna, ese plan abordaba las necesidades de quienes enfrentan la dificultad de equilibrar el trabajo con el cuidado de hijos o de padres mayores. «Yo fui padre soltero durante cinco años», les dijo Biden a los reporteros. «Aunque tenía mucho más apoyo del que mucha gente tiene hoy en día, fue difícil». Explicó que aquel plan era «un imperativo moral y económico». Por una parte, se financiaría revirtiendo las exenciones fiscales que les diera Trump a los inversionistas en bienes raíces. Ai-jen Poo, quien dirige la National Domestic Workers Alliance, escribió en Twitter, sobre la propuesta de Biden, que era la primera vez en veinte años que un candidato presidencial hacía que las «inversiones en la economía de los cuidados fueran una estrategia central de su plan económico, y no un tema tangencial, adicional ni de "interés especial"». Un portavoz de la campaña de Trump respondió a dicha propuesta diciendo que «recrearía América con políticas socialistas».

Aquel plan para el sector de los cuidados era el más reciente de una serie de discursos en los que Biden había hecho un llamado a promover cambios económicos arrasadores. Planeaba gastar 700 000 millones de dólares en productos e investigaciones estadounidenses, y así crear empleos relacionados con la industria automotriz eléctrica, la inteligencia artificial y otras tecnologías, sin los aranceles ni el tufo xenófobo de la política trumpista de «América Primero». Anunció también un plan de infraestructura y energía limpia de dos billones de dólares que eliminaría las emisiones de carbono de las plantas de energía para 2035.

Independientemente del fervor rooseveltiano de Biden, no quedaba claro qué tan lejos estaría dispuesto a llegar en temas tan espinosos como los impuestos sobre el patrimonio y la explotación laboral en las empresas. En julio, durante un evento de recaudación de fondos organizado por inversionistas y ejecutivos, Biden declaró: «El sector corporativo estadounidense debe modificar su forma de actuar». Luego agregó un comentario que enfureció a los progresistas: «No será algo que requiera cambios legislativos. No propondré eso». Cuando hablé con él, le pregunté a qué se refería. ¿Nada de cambios legislativos? «Es un decir», contestó. Según me explicó, el *establishment* corporativo estadounidense reconocía desde hacía mucho que era necesario hacer cambios fundamentales, y citó a la Business Roundtable, una agrupación de CEO que el año pasado anunció que había que desviarse del enfoque dominante centrado en el valor de las acciones. «Toda esa gente tenía claro que ha estado devorando lo que en realidad se debería invertir».

Por ende, me dijo que sí impulsaría cierta legislación: una medida propuesta por Warren para impedir que las empresas usaran el excedente de sus ganancias para comprar sus propias acciones, en lugar de invertirlo en incrementar los salarios o hacer investigación. «Lo que deben entender es que tienen una

responsabilidad», puntualizó. «Como dijo Barack cuando estábamos en campaña: "Eso no lo construiste solo". Aquel cruce
de autopistas de 20 millones de dólares… eso lo pusimos nosotros. Y ayuda a todos». Luego, agregó: «He estado conversando
con varios economistas de mi equipo, y les pregunté: "¿Cuáles
son las leyes que exigen mayor responsabilidad corporativa?".
Eso se tiene que materializar».

Percibí que Biden se esforzaba por decir lo menos posible
sobre su visión económica, lo cual parecía más una cuestión de
evasión táctica que de incertidumbre ideológica. Enfrentaba
un momento de complejidad política y económica inenarra-
bles: era el candidato de un partido que gradualmente tendía
cada vez más hacia la izquierda, pero que ansiaba con desesperación convencer a los moderados y republicanos a quienes
les aterraba esa tendencia. Biden sentía un mayor apego senti-
mental hacia la clase obrera y acogía ciertos ajustes tecnócra-
tas izquierdistas que pudieran beneficiarla. Sin embargo, no
daba indicios de estarse preparando para una lucha encarnizada
para revertir los privilegios del *establishment* corporativo. En palabras de Maurice Mitchell, del Working Families Party:
«Entre rescate y rescate, hemos inyectado billones de dólares
a la economía. ¿Estamos haciendo algo más que solo apunta-
lar los sistemas que nos trajeron hasta aquí?».

De formas que nadie habría sido capaz de predecir, la campaña de 2020 empezaba a configurarse como un referéndum
no solo de la calidad moral de Trump, sino de la arquitectura
misma del poder estadounidense, un sistema que el propio
Biden ayudó a desarrollar y refinar durante medio siglo de

vida pública. Conforme transcurrían los últimos meses de la carrera presidencial, la meta mínima de reemplazar a Trump dejó de ser suficiente. Biden empezaba a dimensionar la verdadera magnitud de aquella emergencia que era mucho más grande de lo que cualquiera habría imaginado.

CAPÍTULO 8

La planeación de la presidencia

«LA GENTE me pregunta: "¿Qué harás si te eligen?"», me comentó Biden mientras alzaba los brazos en alto. Luego, contestó su propia pregunta: «Depende de lo que tenga a la mano. Y no es broma. No estoy tratando de hacerme el listo. Las cosas podrían ponerse mucho peor», agregó.

Con la llegada del otoño, la pandemia siguió expandiéndose sin piedad. Estados Unidos continuó teniendo el peor desempeño del mundo, con más de seis millones de casos y una velocidad de transmisión que apenas si se ralentizaba. Las cifras diarias de fallecimientos en agosto eran de más del doble que el promedio a principios de julio. Y se proyectaba que faltaban muchos meses para la llegada de una vacuna.

En esas circunstancias, la campaña de Biden se preparaba para una transición distinta a cualquier otra, empezando por la posibilidad de una ceremonia inaugural con distanciamiento social. («No es necesario que haya una multitud», me dijo Biden). A través de medidas ejecutivas, Biden podría casi de

inmediato emprender pasos para que Estados Unidos se rein-
tegrara a la Organización Mundial de la Salud y al Acuerdo
de París, así como eliminar las restricciones migratorias que
Trump impuso a los países musulmanes.

Mientras tanto, sus estrategias desarrollaban un calendario
legislativo inusualmente expedito. «La estrategia es ser veloces
y osados», me dijo Jake Sullivan, uno de los asesores políticos
de Biden de más alto rango. «No debemos caer en la trampa de
creer que hay que alinear las cosas en una secuencia basada
en cálculos políticos tradicionales, pues estos tiempos distan
mucho de ser tradicionales». En circunstancias normales, los
presidentes se apresuran a hacer apuestas legislativas en los primeros dos años, cuando aún están rodeados del halo de la
victoria y la balanza política no ha revertido el control del Congreso. «Biden no está contemplando el periodo de los primeros dos años, sino de apenas los primeros meses», me explicó
Sullivan.

A pesar de lo mucho que admira Biden a FDR, sus entornos
políticos tienen muy poco en común; en la actualidad, Washington es mucho más competitivo y antagónico que en los
tiempos de Roosevelt, lo cual podría frenar cualquier intento
por hacer cambios sustanciales en materia de salud pública,
cambio climático y otros asuntos. Para evitarlo, Biden y sus
consejeros armaron estrategias que iban desde la cortesía y la
simpatía hasta la «táctica de tierra quemada», en palabras de
uno de los estrategas de Biden.

No obstante, el éxito de este enfoque dependía de qué
partido obtuviera la mayoría en el Congreso. Si los republi-

canos conservaban el control del Senado, Biden consideraba que podría lograr que unos cuantos republicanos moderados se pusieran de su lado y del lado de los demócratas en las negociaciones de cuestiones populares, como la inversión en infraestructura. A pesar de que los progresistas sarcásticos tildaban esa noción de ingenua, Biden y sus asesores defendían que la historia les daría la razón, como había ocurrido en las primarias. «En primer lugar, la creencia popular era que Biden era incapaz de ganar. Quienes votan son jóvenes y liberales, y él es viejo y anticuado», me dijo uno de sus asistentes. «Pero Biden logró unificar al partido más rápido de lo que cualquiera habría creído posible».

Sin importar qué partido controlara el Congreso, era probable que Biden priorizara ciertas metas progresistas —como incrementar el salario mínimo y emprender acciones drásticas para enfrentar el cambio climático—, y que soslayara propuestas más polarizadoras, como la despenalización del cruce ilegal de las fronteras o la extensión del programa gratuito Medicare a inmigrantes indocumentados.

Algunos analistas creían que la reputación centrista de Biden le facilitaría emprender cambios que podrían ecer más amenazantes si provinieran de un progresista doctrinario. Según las investigaciones de Sean McElwee, el encuestador progresista, era más probable que los votantes indecisos apoyaran acciones contra el cambio climático si se las presentaban como un mecanismo para crear buenos empleos y disminuir los costos energéticos, más que como una obligación moral con las generaciones por venir.

En ese contexto, miembros del círculo de Biden empeza-
ron a compararlo con Lyndon B. Johnson, quien aprovechó las
décadas de experiencia legislativa que tuvo en la Cámara y el
Senado para obtener más logros liberales que Kennedy y eri-
girse como símbolo del dinamismo y los cambios generacio-
nales. En palabras de Ron Klain, consejero de Biden: «Quizá
LBJ no haya sido el demócrata más incluyente y buena onda,
pero fue quien logró más cambios legislativos en materia
de justicia social progresista desde FDR. Y lo hizo desde dos
frentes. En 1964, trajo consigo a un montón de demócratas
que le permitieron tener una mayoría sólida, además de que
sabía mover los hilos del Senado».

Mike Donilon, quien ha fungido como su asesor de forma
intermitente durante tres décadas, me dijo que Biden rechaza
el argumento convencional de que la brecha entre republicanos y demócratas se ha ampliado tanto que ni siquiera es posible
tener negociaciones básicas: «Aunque sintamos que estamos
en campos separados, no es la forma en la que él abordaría la
presidencia. Intentaría trabajar con el equipo contrario. Intentaría
escuchar. No empiezas diciendo: "No confío en tal persona.
No tengo nada en común con ella"». Donilon señaló que Biden suele creer que la gente de Washington negocia de forma
incorrecta: «Todo el mundo se va directo al meollo del asunto
en el momento más álgido de la negociación, con argumentos
como "Tenemos que resolver esto antes que cualquier otra
cosa". Entonces, como no resuelven eso, no resuelven nada».
Además, agregó: «Eso no significa que vayamos en contra de
nuestros principios, sino que al menos hay que ver las cosas».

Donilon sabe que en general la gente cree que esa postura es ingenua. «Tal vez Biden topará con pared, aunque en realidad creo que las ansias que tiene el país (de indicios de cortesía y consenso) serán altísimas», me explicó. «Durante mucho tiempo, los demócratas le dijeron a Biden: "Vives en otro mundo, uno que ya no existe". Pero tengo la impresión de que el país estará en el tipo de situación en el que querrá acoger su postura».

Algunos de los comentarios de Biden y Donilon sobre moderación reflejaban cierta prudencia preelectoral, cierta necesidad de atraer a la población moderada y a los republicanos inconformes. No obstante, la desgarradora realidad era que, incluso si los demócratas obtenían tres escaños en el Senado y el control de ambas cámaras en el Congreso, probablemente de cualquier modo necesitarían recurrir a la fuerza política bruta. Por ejemplo, los demócratas podrían usar una regla presupuestal llamada «reconciliación» para que se aprobaran leyes meramente con la mayoría del Senado, una táctica que Trump y los congresistas republicanos utilizaron para sacar adelante su reforma fiscal de 2017. Un paso más drástico, que ansían muchos demócratas frustrados, es eliminar la tradición del filibusterismo, que impide el avance de los proyectos de ley al obligar a que alguna de las dos partes reúna una supermayoría de sesenta votos. Hasta los demócratas más institucionales ansiaban cambios con desesperación; en julio de 2020, Obama respaldó los llamados a abolir el filibusterismo, con el argumento de que les permitiría a los demócratas hacer cambios osados a las reglas electorales, incluyendo registrar de forma automática a los electores estadounidenses, establecer el Día de las Votaciones como día de asueto a nivel federal, dar representación política equitativa a los ciudadanos de Washington, D.C. y Puerto Rico, y ponerle fin a la manipulación partidista de las circunscripciones electorales (el famoso *gerrymandering*).

Cuando hablé con Obama en julio, él enfatizó su creencia de que los demócratas ya no pueden darse el lujo de intentar hacer acuerdos bipartidistas infructíferos: «Una de las cosas que me parece que hemos tenido que confrontar todos los que creemos en la democracia es que cada vez reconocemos con más certeza que el Partido Republicano tomó la decisión de cambiar la forma en que operaba para dificultar el funcionamiento de la democracia. Y en parte son cínicos porque reconocen que, si la democracia no funciona, si hay estancamientos y partidismos amargos y divisiones, eso desanima y apisona más a nuestros votantes que a los suyos. Y no necesariamente les importa si el gobierno se paraliza».

La postura de Biden era bastante más conservadora. No llegó al punto de respaldar el llamado de Obama a abolir el filibusterismo, el cual es quizá el principal punto de desacuerdo táctico entre ellos. Biden declaró, con cierta cautela, que «consideraría» la propuesta de eliminar o modificar esta práctica solo si los republicanos se comportaban de forma «escandalosa». Cuando falleció la jueza Ruth Bader Ginsburg en septiembre, la posibilidad de un acercamiento bipartidista se volvió todavía más remota.

Entre los desafíos particularmente delicados que Biden enfrentaría al llegar a la Casa Blanca estaría la cuestión de tener que lidiar con Donald Trump. Como ciudadano, Trump impondría retos tanto políticos como legales. Antes de las elecciones, les dijo a sus seguidores que solo podría perder si la contienda estaba «amañada»; en un intento por armar estrategias para el futuro cercano, los demócratas consideraron la posibilidad de que Trump atizara el descontento social. Los asistentes de Biden no tuvieron más alternativa que discutir posibles escenarios que en otras épocas habrían parecido absurdos. «Empezó a circular la idea de que hasta sería capaz de encadenarse a la cama de la habitación Lincoln con tal de que no lo sacaran de ahí», me comentó uno de los principales asistentes de Biden. En la práctica, esperaban que la amplia maquinaria estatal reprimiera cualquier intento de ocupación ilegal en el Ala Oeste. «Según la constitución, el 20 de enero el nuevo presidente asume el cargo y tiene a su alcance todas las herramientas a disposición del gobierno», agregó el asistente, haciendo una referencia mordaz a las fuerzas policial y militar. No obstante, un desafío más probable que enfrentaría la administración de Biden respondería a una presión distinta: a la exigencia creciente durante las campañas electorales de hacer que la administración de su predecesor rinda cuentas frente a las acusaciones de corrupción, negligencia y gestión inadecuada.

Kevin Kruse, historiador de Princeton, instó a Biden a llevar a cabo una investigación sobre la forma en que la administración de Trump manejó la pandemia, basada en la Comisión

Pecora, una serie de audiencias realizadas por el Senado para conocer las causas de la Gran Depresión de 1929. Esta indagatoria, llamada así por el investigador principal, Ferdinand Pecora, expuso una amplia red de corrupción que permeaba las instituciones estadounidenses más respetadas, por medio de la cual muchos banqueros se habían concedido a sí mismos bonos escondidos y repartido acciones a precios reducidos entre clientes selectos, pertenecientes a listas secretas. Estas revelaciones fortalecieron el respaldo público hacia las sustanciales reformas económicas y políticas del New Deal de Roosevelt, incluyendo la creación de la Securities and Exchange Commission, encargada de mantener la integridad de los mercados de valores. En palabras de Kruse: «Ahí hay un precedente. Convencionalmente, cuando algo sale muy mal, y sobre todo cuando mueren miles de estadounidenses, debe haber una investigación exhaustiva, como la de la Comisión del 11 de septiembre».

Kruse albergaba la esperanza de que una Comisión Covid-19 abriera paso a una investigación más amplia sobre la corrupción y la negligencia que él observaba en la era de Trump. «Desde el punto de vista político, será más difícil convencer a la gente, pues seguramente habría quien caracterizara ese intento de justicia como una mera revancha política». El gobierno de Obama no enjuició a los grandes proveedores de préstamos tóxicos y sus derivados, ni a los torturadores dirigidos por la CIA, en gran medida porque Obama prefería, en sus propias palabras, «mirar hacia adelante en lugar de mirar hacia atrás». Según Kruse, aquello fue un error: «Cada vez que hacemos eso, cada vez que confundimos la justicia básica con venganza sin sentido, invariablemente nos termina pasando factura. Cuando los malhechores que debían pagar por lo que hicieron quedan en libertad, suelen regresar después a ocupar posiciones de importancia pública, envalentonados por saber que ya una vez se salieron con la suya. Si no haces que la gente se responsabilice por sus acciones, lo único que logras es socavar la confianza en las instituciones, pues habrá entonces quien pueda decir, con justa razón: "Yo terminé en prisión por algo muy menor, mientras que estos hicieron algo mucho peor y se salieron con la suya"».

Biden desestimó las sugerencias de enjuiciar a individuos específicos —«Eso les tocará a los profesionales del Departamento de Justicia»—; sin embargo, cuando Trump despidió al inspector general asignado para supervisar la respuesta estatal ante la pandemia, Biden se comprometió a nombrar a un inspector general que pudiera auditar el programa de estímulos de 2.2 billones de dólares aprobado por el Congreso en marzo. «Encontraremos hasta el último centavo que haya sido desviado de forma corrupta, lo recuperaremos y castigaremos a los malhechores», afirmó. Aquella investigación podría revelar posibles actividades delictivas ante el Departamento de Justicia como parte de lo que Biden denominó una advertencia «para cualquiera que participe en las corruptelas del presidente Trump y su gobierno».

Al conversar con Pete Buttigieg sobre llevar a Trump ante la justicia, él argumentó que la juventud estadounidense ya no está tan convencida de que pasar la página —como hizo

Gerald Ford cuando le otorgó el perdón a su predecesor, Richard Nixon, en 1974— sea un acto noble de renovación. «Creo que la idea de formar una comisión investigadora es muy interesante. Pero lo que ocurra tendrá que estar armado de tal forma que el Partido Republicado pueda trascender el trumpismo y reconocer que se dejó llevar por él. No puede ser simplemente un proceso partidista de justicia para el vencedor; tiene que tratarse de sanar al país, de valores y de normas».

La crítica de que el gobierno de Obama no se esforzó lo suficiente por señalar la responsabilidad de sus predecesores se volvió sumamente popular, incluso entre funcionarios de esa época. Uno de los asistentes de Obama me lo explicó así: «La lección que aprendimos en los primeros años de la presidencia de Obama es que realmente no se ganaba nada al no llevar a más gente ante la justicia. Claro que no debía haber persecuciones políticas, pero sí había motivos para señalar a los responsables y fomentar el debido proceso. No ganamos popularidad, ni entre los republicanos ni entre los empresarios, al evitar enjuiciar al gobierno anterior, y es probable que hayamos perdido la oportunidad de señalar a los verdaderos culpables de los desastres en materia económica y de seguridad nacional que Obama heredó».

Durante los primeros cien días de su gobierno, al mismo tiempo que Biden tendría que intentar afianzar su visión, no solo enfrentaría la oposición de la derecha, sino también la resistencia dentro de su propio partido. En agosto, el Sunrise

Movement, un movimiento que busca combatir el cambio climático, publicó un tuit dirigido a los «demócratas institucionales» y prometió ser una fuente constante de crítica gubernamental, aun después de la partida de Trump: «Biden no es más que una herramienta para sacar a Trump de la Casa Blanca. Prepárense para que una generación entera de jóvenes les haga la vida de cuadritos durante los próximos años». Para entender qué tipo de métodos podría emplear Biden para conciliar a las facciones más divergentes de su partido, desde los centristas hasta el ala de Ocasio-Cortez, me reuní con Michael Kazin, historiador y coeditor de la revista trimestral de izquierda *Dissent*, a quien entrevisté en un parque de Washington, D.C., con la pertinente distancia social. Nos sentamos en extremos opuestos de una mesa para picnic, como si fuéramos espías en una novela sobre la Guerra Fría.

«Obama generó altísimas expectativas en la gente», me explicó Kazin. «En la izquierda —por usar un término bastante vago—, decían: "Nos convencieron sus promesas, pero no las cumplió". La pregunta es: ¿qué tanto fue su culpa? ¿Qué tanto fue culpa de los impedimentos estructurales y qué tanto fue culpa de las circunstancias y de lo que tuvo que hacer para salvar la economía? En parte tuvo que ver que creía en el bipartidismo. Además, creo que sobreestimaba su propia capacidad para persuadir a la gente con su personalidad y retórica».

Inesperadamente, Kazin defendió que los jóvenes progresistas estarían más dispuestos a respaldar ciertas partes del plan de Biden de lo que hace creer su retórica mordaz. «Muchos

izquierdistas, sobre todo jóvenes, creen que hay que cambiar
el Partido Demócrata de raíz y dejarlo en manos de AOC y
gente como ella. Sin embargo, desde el punto de vista estratégico, entienden que no hemos llegado a ese momento aún»,
me explicó. «La idea es elegir demócratas de izquierda que
intenten que se apruebe un Medicare para todos, que la universidad sea gratuita, que las viviendas de interés social sean
mejores y que se reforme el sistema policial o se le quite el financiamiento. Todas estas son reformas radicales y necesarias,
pero siguen siendo reformas». Kazin citó después un artículo publicado recientemente en *Dissent* que defendía el voto
obligatorio, como en Australia: «No va a ocurrir», agregó,
«pero sería maravilloso». Explorar ese tipo de ideas es parte
de las labores de una oposición leal. «Mira, nosotros hacemos
una revista radical y tenemos que hablar de ese tipo de cosas.
Tampoco creo que vayamos a quitarle recursos a la policía,
pero estoy a favor de que la gente discuta esos temas».

Según Kazin, para lograr una coalición dentro de la izquierda, Biden tendría que materializar los planes de duplicar el
salario mínimo y facilitar la formación de sindicatos. «Es probable que no ocurra de golpe. Sin embargo, los sindicatos,
incluso los que apoyaban a Bernie, apoyan ahora en su mayoría a Biden porque se dan cuenta de que podría ser muy
benéfico», me explicó. «Biden está consciente de algo que
Obama en realidad no entendía, y es que los sindicatos son
parte esencial de una base democrática. Si hay más personas
sindicalizadas, les irá mejor a los demócratas. Este fenómeno
se observa entre votantes blancos: los sindicalizados votaron

por Clinton, mientras que los no sindicalizados votaron de forma arrasadora por Trump. Es una diferencia brutal». Si Biden quisiera estar a la altura de la promesa rooseveltiana, necesitaría enfocarse sobre todo en recobrar la fe de los estadounidenses, de cualquier afiliación política, en que el gobierno puede hacer algo para cubrir sus necesidades. «En los años treinta, el gobierno funcionaba. El gobierno siguió funcionando durante la Segunda Guerra Mundial. Por eso la gente creía en él y por eso seguían eligiendo candidatos liberales o republicanos moderados», me explicó Kazin. Sin embargo, esa confianza se ha perdido en estos tiempos. «Hay que convencer a la gente de que el gobierno es capaz de cumplir lo que promete. La gente de izquierdas simplemente asume cosas como "¡Medicare para todos! ¡Les encantará!". Sí, claro, pero solo si de verdad funciona».

Obama respaldaba esa postura. Él predijo que los progresistas serían un tanto flexibles si veían resultados. «No creo que se fijen en sí en los elementos contenidos en la lista de políticas pendientes», afirmó. «Lo que querrán es que se les demuestre que es posible lograr que la maquinaria de gobierno funcione para que refleje aquello en lo que creen y lo que les importa. Que se les demuestre que la mayoría de los estadounidenses están a favor de hacer algo para contrarrestar el cambio climático, que en realidad sí se puede hacer algo, que no nada más se queda en el olvido una vez que pasa por el Senado o la Cámara».

Un mecanismo por medio del cual Biden podría obtener mayor apoyo de la izquierda sería que pusiera a personas progresistas en puestos influyentes de su administración. Uno de los principales asesores de Sanders lo explicó del siguiente modo: «Para ser sinceros, si te fijas en los últimos años de Obama, no había muchos desafíos progresistas al interior. ¿Dónde estaba esa voz interna que debía advertirles: "Oigan, están cediendo demasiado, tienen que luchar contra estos bastardos"?». En el caso del gobierno de Biden, continuó: «Podría hacerlo en el gabinete. Podría tratarse del personal más cercano. Aunque él representa de forma muy definida a un ala del Partido Demócrata (es decir, a la facción institucional), también es responsabilidad de quienes ostentan el poder preguntarse qué esfuerzos quieren emprender para tenderles la mano a quienes perdieron».

Biden hizo algunos gestos en ese sentido. Durante años, había dependido de un puñado de asistentes como Donilon, Klain y Kaufman, la tríada que la revista *Politico* describió el año pasado como «igualitos a Biden: blancos, viejos y con mucha experiencia en las batallas ancestrales del Partido Demócrata». No obstante, ese mismo retrato ignoraba a gente como Symone Sanders, la joven exsecretaria de prensa de Bernie Sanders que figuraba entre los asesores afroamericanos más influyentes de la campaña de Biden, quien reconocía que para cubrir las necesidades del país habría que expandir de forma radical el tipo de gente y de experiencias que figuraban a su alrededor. «Creo que es muy, muy importante que mi administración se asemeje al país», me dijo. Agregó que esperaba ser recordado como alguien que «traía consigo un montón de gente muy talentosa que quizá en otras circunstancias no habría tenido visibilidad u oportunidades».

No dejaba de sorprenderme que los demócratas moderados tendieran a describir la brecha ideológica del interior del
partido como simples desacuerdos manejables. Cuando le in-
sinué a Klobuchar, la demócrata moderada de Minnesota, que
a Biden se le dificultaría conservar el apoyo de la izquierda,
su respuesta fue: «No te creo». En su opinión, la verdadera
brecha era la que separaba a quienes apoyaban a Trump de
quienes se oponían a él. «Esa brecha en el interior de nuestro
partido no es tan grande», me dijo. «Observa la reforma de
ley policial en la Cámara y el Senado; un montón de moderados de la Cámara y de zonas rurales del país apoyaron esa
ley».

Independientemente del discurso que el Sunrise Movement
profesaba en su cuenta de Twitter, Prakash, una de las fundado-
ras del grupo, me confió que consideraban que la presidencia
de Biden podía ser una oportunidad. «Debemos lograr que
este tipo llegue a la presidencia, para luego movernos del ámbito de las políticas al del poder», puntualizó. «Ha habido
cambios progresistas en este país con presidentes moderados,
siempre y cuando fuera el momento y el lugar adecuados. ¡Por
Dios! ¡Con Nixon se creó la Agencia de Protección Ambiental!
¡Con Eisenhower se construyó el sistema de autopistas inter-
estatales!», señaló entre risas. «La clave es no volvernos ni
complacientes ni moralinos», concluyó. «Debemos encontrar
un punto intermedio que sea sólido».

En el transcurso del verano, mientras Trump se desplomaba
en las encuestas, Biden alcanzaba cifras incomparables con

la de ningún otro contrincante de un presidente en funciones desde el advenimiento de las encuestas modernas. Incluso después de que Trump usara la Casa Blanca como escenario para eventos de la convención, siguió sin ser capaz de recuperarse en los sondeos. Biden solía decir que buscaba «unificar a la nación», pero ¿qué significaba eso en realidad? ¿Era la búsqueda de la unidad una fórmula para la parálisis?

Las promesas de unidad habían ayudado a Obama a llegar a la Casa Blanca. Sin embargo, la valencia del concepto había cambiado para 2020. «El electorado de Obama, esa cohorte estadounidense ingenua, ha madurado», me explicó Mitchell, del Working Families Party. «Ahora son más cínicos. Más rígidos. Hacen más preguntas y quieren más datos duros. La gente quiere entender: "¿Cuáles son los detalles de sus políticas?". La gente se mete a internet, lee los planes y los desmenuza. Por eso, Biden debe enunciar con todas sus letras que: "Si le damos la vuelta al Senado, ocurrirán también estas otras cosas. Y así es como se verá mi gabinete, y estas son las decisiones de la era Trump que revertiremos". No basta con decir generalidades».

Cuando le pregunté a Obama qué esperaba que ocurriera, llevaba parte del verano en su casa en Martha's Vineyard, trabajando en su biografía sobre sus años como presidente. Poco después de que Sanders abandonara la carrera, Obama anunció que apoyaba a Biden y desempeñó un papel público casi quirúrgico en la campaña, al aparecer junto al candidato en una conversación grabada en video y en un evento de recaudación de fondos. Biden y él hablaban por teléfono con frecuencia, aunque en público no aludieran mucho a esas interacciones, pues Trump habría querido caracterizar el gobierno de Biden como una restauración furtiva de la era de Obama. Recientemente, durante el funeral de John Lewis, Obama había captado la atención mediática al instar a los demócratas atribulados a orar y al recordarles una era de optimismo olvidada desde hacía mucho.

Le pregunté sobre la juventud que estaba decepcionada por el hecho de que los demócratas institucionales no hubieran logrado mayores progresos. Él sacó a colación el ejemplo de la salud pública. «Tristemente, Joe y yo estábamos conscientes de algunas de sus limitaciones y restricciones», contestó. «Pero era lo que podíamos lograr entonces, y más de veinte millones de personas obtuvieron un seguro médico. Missouri acaba de expandir Medicaid, así que ahí debe haber unos cuantos cientos de miles más. Y ahora existe la oportunidad de mejorar las cosas aún más. Así que creo que mi respuesta a las generaciones jóvenes es: ¡Adelante! ¡Presionen con más fuerza! Solo así lograremos progresar».

Obama es un poco susceptible a las insinuaciones sobre lo conciliadora que fue su administración. «Mi plan legislativo, y el plan legislativo de Joe, era casi tan osado y agresivo como el de muchos de los jóvenes de hoy en día», contestó. «Si nos preguntaras a Joe y a mí de qué nos arrepentimos o qué lecciones nos dejó mi administración, no diríamos que no fuimos lo suficientemente osados al hacer propuestas. Más bien fue que seguimos creyendo en que los republicanos del Congreso tendrían la capacidad de seguir las reglas y estarían dispuestos a negociar y a conciliar».

Cuando Obama se reeligió en 2012, esperaba que la victoria trajera consigo un Congreso con mejor disposición. «La fiebre podría ceder», afirmó en ese entonces, «pues hay una tradición de mayor sensatez en el Partido Republicano». Pero luego de eso fue perdiendo la esperanza. «Cuando converso con los jóvenes, les digo: "Mira, nuestras propuestas climáticas eran muy agresivas, pero no logramos que las aprobaran". Y la razón por la que no logramos que las aprobaran no tuvo que ver con cabilderos o donadores corporativos que nos susurraran cosas al oído, sino porque no juntamos 60 votos en el Senado. Pasa lo mismo cuando intentas que haya opciones de salud pública y la aprobación de reformas migratorias», continuó. «Por medio de sus acciones, el Partido Republicano ha desacreditado las negociaciones y conciliaciones tradicionales que se daban en el Congreso la primera vez que Joe entró en él. Probablemente a él le cueste más trabajo aceptarlo, creo que porque tiene la experiencia previa de lograr que pasaran cosas. Y creo que para él ha sido doloroso ver lo que les ha ocurrido a instituciones como el Senado».

Biden solía argumentar que Estados Unidos «no puede funcionar sin generar consenso». No obstante, al conjurar esa imagen de armonía legislativa, muchos jóvenes estadounidenses lo tiraban de a loco o creían que no estaba dispuesto a ensuciarse las manos en una pelea de verdad. En 2019 fue motivo de burlas por insinuar que los congresistas tendrían una «epifanía» una vez que Trump se fuera. Sin embargo, desde su punto de vista, las posibilidades de bipartidismo dependían del margen de la victoria. «Si ganamos y obtenemos cinco o seis escaños en el Senado, creo que entonces *sí* habrá una epifanía», me dijo, «porque solo necesitas tres o cuatro o cinco republicanos que hayan visto la luz, aunque sea un poco». Luego, agregó: «Creo que no podemos subestimar el impacto de la ausencia de Trump. El revanchismo, la mezquindad, la voluntad de vengarse de otro a expensas de sí mismo, como vimos con Sessions», dijo en relación a Jeff Sessions, exfiscal general a quien Trump había ayudado a derrumbar en las primarias en Alabama.

Un funcionario de alto rango de la administración de Obama con quien conversé durante el verano temía que el optimismo de Biden fuera costoso: «¿Se ve a sí mismo como alguien capaz de atraer a los republicanos anti-Trump y generar cierto consenso bipartidista? Por experiencia puedo afirmar que no es más que una trampa. Nosotros caímos en ella. Y tu gente pierde la fe, los republicanos no te dan el más mínimo crédito, pierdes mucho tiempo y terminas haciendo tratos con el Tea Party».

En agosto, de cara a una de las pruebas más desafiantes de su campaña, Biden tomó una decisión reveladora: eligió a Kamala Harris, la joven senadora de California, como compañera de fórmula. En ese momento, se trataba de defender la diversidad racial y étnica por encima de la diversidad ideológica. Harris sería la primera mujer negra y la primera persona de ascendencia india que ocuparía la vicepresidencia. Al igual que Biden, ella tampoco era la favorita de los progresistas. A pesar de que ella tenía uno de los historiales de votación en el Senado más liberales, a los progresistas les incomodaban muchas de las decisiones que tomó cuando fue fiscal de distrito de San Francisco y fiscal general de California, como cuando titubeó frente a las reformas policiales y castigó de forma agresiva el ausentismo escolar.

Harris, quien estuvo a un costado de Biden durante el anuncio, se mostró ansiosa por participar en la batalla y, con respecto a la situación económica de la era Trump, comentó: «Como todo lo demás que ha heredado, lo ha derrumbado por completo». Además, le reclamó el hecho de que «cada 18 segundos muere un estadounidense por covid-19». Trump y sus allegados no lograban ponerse de acuerdo en la estrategia de contraataque; se burlaron de Harris por su voz y por su nombre, y, en un correo que enviaron a sus simpatizantes, la describieron como «la más mala, más horrible, más irrespetuosa y MÁS LIBERAL de todo el Senado estadounidense».

Después de que anunciaran la fórmula, llamé a Kandyce Baker, la administradora universitaria a quien conocí en un mitin y quien se había descrito como alguien que «por desgracia» respaldaba a Biden. Le alegraba que hubiera una mujer negra en la boleta, pero le preocupaban los cálculos políticos. «Estoy totalmente a favor de que los candidatos cambien de postura o reconozcan que "Bueno, así lo hice en 2015, pero ahora estoy mejor informado". Sin embargo, quisiera escuchar a Kamala explicar lo que ocurrió. No basta con decir que has evolucionado».

Durante el discurso que dio Harris en la Convención Nacional Demócrata, a finales de agosto, aportó más loas que explicaciones: «Me inspiran muchísimo las nuevas generaciones», afirmó. «Nos impulsan a materializar los ideales de nuestra nación». Harris había empezado a buscar el papel que desempeñaría en la administración de Biden. Era improbable que fungiera como intermediaria con el Congreso, como Biden lo fue para Obama, pues eso podría hacerlo por sí solo. En lugar de eso, se mostró como un potencial puente público para el electorado más joven y diverso, así como una voz férrea de los valores opuestos al trumpismo, y empezó por el debate contra el vicepresidente Mike Pence. Biden se enorgullecía de haber sido un vicepresidente leal, así que Harris tendría que encontrar la forma de gestionar su nueva posición como heredera natural del partido sin alienar a su jefe.

La convención, al igual que incontables eventos realizados durante la pandemia, estuvo circunscrita a las pantallas, pero estas limitaciones no hicieron más que acentuar la sensación de urgencia personal. Obama hizo un llamado conmovedor al pueblo estadounidense, y sobre todo a la juventud, para pedirles que rechazaran el cinismo y la apatía. «Así es como se marchita la democracia hasta dejar de ser lo que es, y no podemos permitir que eso ocurra», declaró. En sus palabras, el individualismo era sinónimo de responsabilidad, no de concesión. «No les permitan que les arrebaten el poder», les advirtió.

Todo aquello fue un preludio para la defensa aleccionadora que hizo Biden de la moralidad, el razonamiento y el luto por lo que denominó «esta temporada de oscuridad». A pesar de no mencionar el nombre de Trump en su discurso, Biden argumentó que los estadounidenses no eran prisioneros de los fracasos del pasado ni del presente. «Recurriré a los mejores ciudadanos, no a los peores», declaró, y citó a Ella Baker, ícono de la lucha por los derechos civiles, quien dijera: «Dale luz a la gente y encontrará el camino».

Después de eso, una larga lista de personas comunes dio cuenta de las dificultades que había enfrentado. Kristin Urquiza, una mujer de 39 años de Arizona, contó la historia de su padre, Mark Anthony Urquiza, quien había votado por Trump y creía en lo que el presidente tanto vociferaba sobre la pandemia, pero que, en palabras de Kristin, «murió solo en Cuidados Intensivos, con una enfermera tomándolo de la mano». Brayden Harrington, un muchacho de 13 años de New Hampshire, celebró que Biden le dijera que pertenecían «al mismo club... porque tartamudeamos». La votación nominal oficial, que suele ser un ritual banal durante la convención, renació como un desfile en video que daba cuenta de la diversidad y vastedad de Estados Unidos, desde el Caribe hasta las Dakotas y Alaska. Aquello tuvo un efecto cursilón, pero también reconfortante y emocionante, propio de una era en la que la población estadounidense se enfrentaba a una certeza desconcertante: los políticos pueden darnos luz (o por lo menos no apagarla), pero nos corresponde a nosotros encontrar el camino.

A pesar de los rompecabezas políticos y tácticos que potencialmente le esperaban a Biden si llegaba a la presidencia —China, el cambio climático, la inteligencia artificial, por no hablar de las crisis de fondo—, el carácter esencial de su gobierno probablemente se revelaría a partir de una serie de decisiones más profundas. Dos vertientes divergentes de su biografía darían forma a sus planes para solucionar los problemas del país: los mitos que apuntalan las políticas de la responsabilidad y sus propios infortunios. En *The Tyranny of Merit*, el filósofo político de Harvard Michael Sandel escribió: «A pesar de que las desigualdades se han disparado en proporciones vastas, la cultura pública ha reforzado la noción de que somos responsables de nuestro propio destino y que merecemos lo que obtenemos… Si triunfamos, es por mérito propio; si fracasamos, no podemos culpar a nadie más que a nosotros mismos». En tiempos de pandemia e injusticias sistémicas, según Sandel, «la sensación intensa de que nos rodean los imprevistos nos obliga a mostrar cierta humidad: "Pero ahí, por la gracia de Dios, por el simple hecho de haber nacido o por mero misterio del destino, iré yo"».

La apuesta de Biden, la veleta eterna, era que la población estadounidense ansiaba un gobierno diferente. Entendía lo que pasaba por la mente de los congresistas —el equilibrio, las evasivas, la triangulación— y creía que al menos algunos de ellos estarían dispuestos a cooperar con él. Pero su imagen de unidad ejercía un peso aún mayor en una fuerza que trascendía la mecánica de Washington: la posibilidad de lograr que la gente sintiera que alguien en el gobierno le prestaba atención.

Durante aquella extrañísima campaña presidencial de 2020, a diario el equipo de Biden procuraba que hablara por teléfono con un ciudadano de a pie. Una tarde de primavera, lo contactaron con Mohammad Qazzaz, de Dearborn, Michigan. Tres semanas antes, Qazzaz, quien se dedicaba a tostar café, había dado positivo a la prueba de covid-19. Cuando Biden le llamó, estaba aislado en su casa, intentando proteger a su esposa e hijos.

Qazzaz, quien grabó aquella llamada y luego me permitió escucharla, le dijo a Biden que su hija, quien tenía dos años, no entendía por qué él no podía salir de su habitación: «Se la pasa diciéndome: "¡Ábreme, Baba! ¡Abre la puerta!"». Mientras describía la situación, se le quebró la voz, pero intentó recomponerse: «Perdón, señor vicepresidente».

«No te disculpes», le contestó Biden. «Está totalmente justificado que te sientas así. Además, como decía mi madre, tienes que sacarlo».

Biden le contó a Qazzaz que también alguna vez sus hijos habían sido demasiado pequeños como para entender la crisis en la que se encontraban. «No es para nada igual, pero me puedo dar una idea de lo que estás viviendo», le dijo Biden. Le sugirió que jugara un juego sencillo con su hija en el que le pidiera que adivinara un número o un color desde el otro lado de la puerta. «Cuéntale historias de cómo serán las cosas cuando Papá mejore», agregó. Conversaron un rato sobre el padre de Qazzaz, quien llegó a Estados Unidos desde Jerusalén. «Mira, superarás esto», le dijo Biden. «Somos la nación que somos porque somos una nación de inmigrantes». Se suponía que hablarían durante cinco minutos, pero al final la llamada duró 22.

Escuchar la llamada de Qazzaz me hizo recordar aquella famosa frase de Franklin Roosevelt: «La presidencia no es un mero puesto administrativo... Es, ante todo, un lugar de liderazgo moral». La vida de Joe Biden ha estado repleta de errores, arrepentimientos y pérdidas personales devastadoras. Y, en caso de llegar a la presidencia, sería improbable que de sus labios saliera aquella retórica exaltada que le llega a la nación al alma. Sin embargo, lo que sí podría ofrecerle a un pueblo que está de luto es algo parecido al consuelo, un lenguaje para sanar.

Agradecimientos

Buena parte de los textos comprendidos en este libro son producto de mi trabajo en *The New Yorker*, por lo que estoy especialmente agradecido con mis colegas, tanto antiguos como actuales. El primer perfil de Biden que escribí lo editó John Bennet, a quien le tengo una gran estima. Mientras tanto, la revisión de textos más breves estuvo a cargo de Virginia Cannon, Amy Davidson Sorkin y Carla Blumenkranz. Cuando volví a profundizar en el tema durante la campaña presidencial de 2020, tuve la buena suerte de colaborar con el editor Nick Trautwein, quien goza de la franqueza y la precisión de un cirujano. Además, tengo una deuda especial con Deirdre Foley-Mendelssohn, Dorothy Wickenden y David Remnick, quienes sustentan la cultura de justicia, progreso y productividad de la revista.

En varios momentos, este trabajo se enriqueció gracias a la labor esencial de corroboración de datos y otros apoyos editoriales realizados por Madeleine Baverstam, James Haynes,

Ethan Jewell, Ruth Margalit, Teresa Mathew, Betsy Morais, Matthew Silberman, Hélène Werner y Hannah Wilentz.

Además, este libro no habría visto la luz sin la inteligencia y destreza de mi querida amiga y agente Jennifer Joel. Agradezco en especial a Jonathan Karp, quien impulsó mi trabajo durante años, mucho antes de mover cielo, mar y tierra para que se publicara este volumen. En Scribner, Nan Graham recibió la idea con urgencia y gracia, y el editor Colin Harrison se convirtió en un compañero fiel durante la redacción de cada página. Agradezco también a Sarah Goldberg, Mark LaFlaur y Brian Belfiglio.

La principal deuda la tengo, como es de esperarse, con mi familia: agradezco a mi esposa Sarabeth, cuya inmunidad al cinismo influye en cada una de mis opiniones políticas, y a Oliver y Rose, quienes nos recuerdan exactamente por qué todo esto importa.

Nota sobre las fuentes

Este libro es una adaptación de una serie de artículos publicados de forma esporádica en *The New Yorker*, entre 2011 y 2020. Biden lleva buena parte de su vida diciéndole a la gente: «O vas en ascenso o ya vas para abajo». Cuando lo conocí por primera vez —en abril de 2014— Biden estaba planeando por los aires, tanto en sentido literal como metafórico, pues estábamos a bordo del Air Force Two, sobrevolando Europa oriental, y se respiraba un aire de desánimo en torno a su segundo mandato como vicepresidente. Washington estaba paralizado por el rencor bipartidista, los índices de aprobación de Obama estaban decayendo, y era demasiado pronto para que Biden empezar a insinuar siquiera la posibilidad de lanzar su candidatura a la presidencia. Desde entonces, entrevisté cuatro veces a Biden; la última, en julio de 2020. En el ínter, entrevisté a más de cien personas de su entorno político, incluyendo a Obama dos veces, a miembros de su familia y asistentes de muchos años, así como a opositores y aliados en Washington, Delaware y otras partes.

Fue accidental que la carrera de Biden se convirtiera en uno de mis campos de especialización. Al principio me llamó la atención su involucramiento en temas de relaciones exteriores, pues yo había pasado una década trabajando como corresponsal en el extranjero. Sin embargo, al conocerlo mejor, descubrí que era un pozo sumamente fructífero de enseñanzas sobre la cultura política estadounidense, gracias a su amplia experiencia, su capacidad e intensidad emocional, y su dificultad para disimular lo que piensa con la habitual capa de patrañas que caracteriza incontables encuentros periodísticos en Washington. Biden da giros, sin duda, pero no con la misma fluidez que otros.

Además de las entrevistas, aproveché el trabajo de varios académicos y periodistas que han documentado la carrera y el contexto de Biden. Las siguientes notas no pretenden ser exhaustivas; sin embargo, espero que sí sean un mapa que permita al público acceder a fuentes sumamente valiosas.

PRÓLOGO

El relato de los aneurismas de Biden y su recuperación está tomado de entrevistas realizadas a él y a otros miembros de su familia. Como ocurrió también con otros episodios centrales de su vida, me basé en los detalles valiosos que él mismo comparte en sus memorias: *Promises to Keep* (2007) y *Promise Me, Dad: A Year of Hope, Hardship, and Purpose* (2017). Algu-

nos otros detalles de su crisis médica aparecen descritos en
el espléndido volumen *What It Takes: The Way to the White
House*, del difunto Richard Ben Cramer, en el que se relata la
candidatura presidencial de Biden de 1987.

El comentario que le hizo Biden a un ministro británico
durante una reunión privada fue tomado de la entrevista que
le hice a un testigo de primera mano.

CAPÍTULO 1: *ANNUS HORRIBILIS*

La caracterización de James Comey aparece en su biografía,
A Higher Loyalty: Truth, Lies, and Leadership (Nueva York:
Flatiron, 2018).

Agradezco a Patrick Fisher sus perspectivas sobre los efectos políticos de la oleada *millennial*, las cuales aparecen en
múltiples publicaciones, incluyendo el artículo «Generational Cycles in American Politics, 1952-2016», publicado en
2020 en *Society,* núm. 57, pp. 22-29.

En cuanto a las observaciones sobre la evolución de la juventud izquierdista, me fue de gran ayuda la reflexión profunda que hace John Judis en su ensayo «A Warning from
the 60's Generation», publicado en *The Washington Post* el 21
de enero de 2020, así como el libro *The Next America: Boomers, Millennials, and the Looming Generational Showdown*, de Paul
Taylor y el Pew Research Center (Nueva York: PublicAffairs,
2014).

Los detalles sobre los primeros encuentros entre Obama y Biden también aparecen relatados en el cautivador libro de Steven Levingston *Barack and Joe: The Making of an Extraordinary Partnership* (Nueva York: Hachette, 2019).

Capítulo 2: Lo que se tuvo que hacer

Jeff Connaughton relata sus impresiones en el libro *The Payoff: Why Wall Street Always Wins* (Westport, Conn.: Prospecta, 2012).

La información y el análisis sobre la generación silenciosa aparecen en el volumen *The Lucky Few: Between the Greatest Generation and the Baby Boom*, de Elwood Carlson (Ámsterdam: Springer, 2008).

Con respecto a la evolución de las nociones estadounidenses de suerte y voluntad, me basé en *The Biggest Bluff: How I Learned to Pay Attention, Master Myself, and Win*, de Maria Konnikova (Nueva York: Penguin, 2020).

Los detalles biográficos relatados en este capítulo y los subsiguientes están tomados de entrevistas, así como de los libros *Promises to Keep, What It Takes* y de la segunda biografía de Biden, *Promise Me, Dad*. Con respecto a la historia de las audiencias de Thomas, recurrí a la obra *Strange Justice: The Selling of Clarence Thomas*, de Jane Mayer y Jill Abramson (Boston: Houghton Mifflin, 1994).

Capítulo 3: «Tienes que crecer»

Los primeros comentarios e impresiones de Biden al llegar al Senado están plasmados en «Death and the All-American Boy», texto publicado en la revista *Washingtonian* el 1º de junio de 1974.

Me resultó muy útil un ensayo sobre la indagatoria que hizo Roger Berkowitz sobre Biden, titulada «When Joe Biden Wrote to Hannah Arendt», publicado por el Hannah Arendt Center for Politics and Humanities del Bard College.

Por su parte, James Forman Jr. analizó las políticas de la responsabilidad en *Locking Up Our Own: Crime and Punishment in Black America* (Nueva York: Farrar, Straus & Giroux, 2017).

El recuento y análisis del uso de la frase «sin culpa alguna» figuran en el libro *The Tyranny of Merit: What's Become of the Common Good?*, de Michael J. Sandel (Nueva York: Farrar, Straus & Giroux, 2020).

Los datos sobre el incremento en los salarios de los CEO en los años posteriores a 2007 fueron dados a conocer por el Comité Conjunto de Impuestos (JCT, por sus siglas en inglés) del Congreso estadounidense.

Capítulo 4: Vice

Stacey Abrams explora el concepto de «nueva mayoría estadounidense» en su libro *Our Time Is Now: Power, Purpose, and the Fight for a Fair America* (Nueva York: Henry Holt, 2020).

Con respecto a los detalles sobre otras vicepresidencias, incluyendo el énfasis de Cheney en los «asuntos de hierro», me fue de mucha ayuda el libro *Angler: The Cheney Vice Presidency* de Barton Gellman (Nueva York: Penguin Press, 2008).

Colleen Shogan explora a detalle el uso que hizo Obama de una retórica política basada en la empatía en el extraordinario ensayo «The Contemporary Presidency: The Political Utility of Empathy in Presidential Leadership», publicado en 2009 en la revista *Presidential Studies Quarterly*, núm. 39, pp. 859-877.

Capítulo 5: El enviado

El relato de Bill Bradley sobre el viaje con Biden a la Unión Soviética está tomado de su biografía, *Time Present, Time Past* (Nueva York: Vintage, 1997).

En el verano de 2014, *USA Today* tabuló los registros telefónicos de la Casa Blanca y reportó que Biden mantenía contacto frecuente con oficiales en Irak.

La «apuesta» de Biden de que Al-Maliki extendería el Acuerdo sobre el Estado de las Fuerzas aparece descrita en *The*

Endgame: The Inside Story of the Struggle for Iraq, from George W. Bush to Barack Obama, escrito por Michael R. Gordon y el general Bernard E. Trainor (Nueva York: Pantheon, 2012).

Zalmay Khalilzad y Kenneth Pollack hicieron una evaluación del panorama estratégico para Irak en el texto «How to Save Irak», publicado en *The New Republic* el 22 de julio de 2014.

Capítulo 6: Afortunados y desafortunados

El recuento de cómo Biden le aseguró a Obama en 2008 que ya estaría demasiado viejo para postularse a la presidencia aparece en «Biden's Unified Theory of Biden», de Jonathan Alter, publicado el 13 de octubre de 2008 en *Newsweek*.

El texto de Peter Beinart sobre el valor potencial de tener un campo demócrata más amplio en 2016, «Run, Joe, Run: Why Democrats Need a Biden Candidacy», se publicó en *The Atlantic* el 9 de mayo de 2014.

Los detalles en torno al fallecimiento de Beau y la entrada del diario de Biden aparecen en su biografía, *Promise Me, Dad*. Además, el volumen *Barack and Joe* de Levingston me brindó información muy valiosa sobre el contexto de los últimos años que compartieron Obama y Biden en el Ala Oeste.

El recuento detallado y profético que hizo Adam Entous de cómo la vida de Hunter Biden pudo influir en las políticas presidenciales, titulado «Father and Son», se publicó en *The New Yorker* el 1º de julio de 2019.

Capítulo 7: La batalla por el alma

Me resultó muy útil leer una versión preliminar del libro *Crackup: The Republican Implosion and the Future of Presidential Politics* de Samuel L. Popkin, el cual se publicará en 2021 (Nueva York: Oxford University Press).

Lucy Flores publicó su recuento de los hechos, «An Awkward Kiss Changed How I Saw Joe Biden», en *New York*, el 29 de marzo de 2019.

En marzo de 2020, Renee DiResta, investigadora del Stanford Internet Observatory, analizó los efectos de la campaña en redes #BidenCognitiveDecline que lanzó Jill Stein.

Ryan Lizza evaluó la brecha entre Biden y la juventud izquierdista en su mordaz artículo «Biden Camp Thinks the Media Just Doesn't Get It», publicado en *Politico* el 11 de septiembre de 2019.

Bernie Sanders reflexionó sobre su relación con Biden en «Bernie Sanders Is Not Done Fighting», entrevista que le realizó Andrew Marantz para *The New Yorker* y que se publicó el 9 de junio de 2020.

Capítulo 8: La planeación
de la presidencia

Los primeros planes de acción de Biden aparecen descritos por Matt Viser en «If He Gets a Presidential Day 1, Joe Biden Has a Nearly Endless List of Ways to Spend It», publicado el 29 de julio de 2020 en *The Washington Post*.

Kevin M. Kruse explora el posible aprovechamiento de las lecciones aprendidas de la Comisión Pecora en «Why a Biden Administration Shouldn't Turn the Page on the Trump Era», publicado el 7 de julio de 2020 en *Vanity Fair*.

Por último, recurrí una vez más a la exploración concienzuda que hace Sandel en *The Tyranny of Merit* sobre los cambios en los conceptos de recompensa, control y lucha en Estados Unidos.